1 MONTH OF
FREE
READING

at
www.ForgottenBooks.com

By purchasing this book you are eligible for one month membership to ForgottenBooks.com, giving you unlimited access to our entire collection of over 1,000,000 titles via our web site and mobile apps.

To claim your free month visit:
www.forgottenbooks.com/free382694

ISBN 978-0-265-33096-8
PIBN 10382694

This book is a reproduction of an important historical work. Forgotten Books uses
state-of-the-art technology to digitally reconstruct the work, preserving the original format
whilst repairing imperfections present in the aged copy. In rare cases, an imperfection in
the original, such as a blemish or missing page, may be replicated in our edition. We do,
however, repair the vast majority of imperfections successfully; any imperfections that
remain are intentionally left to preserve the state of such historical works.

HISTOIRE
DE FRANCE,

PENDANT

LE DIX-HUITIÈME SIÈCLE.

TOME CINQUIÈME.

On trouve chez Delaunay, *Libraire, Palais-Royal* :

Histoire de France, pendant les guerres de religion; par M. Lacretelle. Quatre volumes in-8°. Prix, 24 francs.

Précis historique de la Révolution française, par le même. Six volumes in-18. Prix, 30 francs.

_____

Ayant acquis la propriété de cet Ouvrage, je poursuivrai les contrefacteurs avec toute la rigueur des lois.

Delaunay

IMPRIMERIE DE FAIN, PLACE DE L'ODÉON.

HISTOIRE
DE FRANCE,

PENDANT

LE DIX-HUITIÈME SIÈCLE;

PAR CHARLES LACRETELLE,

MEMBRE DE L'INSTITUT, PROFESSEUR D'HISTOIRE
A L'ACADÉMIE DE PARIS.

QUATRIÈME ÉDITION.

TOME CINQUIÈME.

À PARIS,

CHEZ DELAUNAY, LIBRAIRE-ÉDITEUR,
PALAIS-ROYAL, GALERIE DE BOIS, N°. 243.
1819.

HISTOIRE

DE

FRANCE,

PENDANT LE XVIIIᵉ SIÈCLE.

RÈGNE DE LOUIS XVI : MAUREPAS, NECKER, VERGENNES, etc.

Près d'atteindre au terme de mon entreprise, je vois des obstacles que je n'ai point
la puissance de renverser, et que je ne veux
point éluder par de lâches détours. En re-
traçant, dans l'année 1811, des faits qui me
conduisent jusqu'à l'année 1789, je ne rencontre pas seulement les difficultés d'une histoire contemporaine, je trouve celles d'une
histoire faite pour exciter des débats opiniâtres. Nul malheur éclatant n'a rempli l'é-
poque à laquelle je dois m'arrêter ; mais la
catastrophe la plus terrible et la plus impo-

V.

sante qui ait changé les destins de l'univers,
préparée de plus loin, commençait alors à
s'annoncer, et les signes en étaient mal in-
terprétés ou méconnus.

Si c'est le comble de la cruauté que de
montrer à un homme qui a beaucoup souffert, combien il fut imprévoyant, et d'opposer le rêve de ses espérances à de tristes
réalités, cette tâche est encore pénible; mais
du moins elle est utile, nécessaire peut-être,
lorsqu'il s'agit d'un peuple entier, de toute
une génération. Ici les faits ne conduisent
point l'historien au rôle d'un accusateur; en
vain chercherait-il à expliquer des événemens tragiques par de profonds complots.
La haine ne fut jamais plus loin du cœur des
Français qu'au moment où ils approchaient
d'une révolution; ils ne combinaient que des
plans pacifiques: jamais ils n'avaient été
plus ligués pour vaincre tous les maux dont
la nature nous impose le tribut, et ceux qui
pénètrent par mille voies dans les institutions
sociales. Ils luttaient contre la nécessité, dans
l'orgueilleux espoir d'en renverser les lois,
et se croyaient appelés par la Providence
même à désarmer toutes ses rigueurs. D'é-
tonnantes fureurs allaient se déclarer, et la
pitié la plus active remplissait les âmes. Ce

que craignaient le plus les hommes opulens,
c'était de passer pour insensibles. A mesure
qu'on croyait voir diminuer là somme des
maux, ce qui restait d'infortunés n'en excitait qu'un intérêt plus tendre. J'ai examiné
scrupuleusement les faits de cette époque ;
et, loin d'y trouver des traces du crime, je
n'ai trouvé que rarement celles d'une mé-
chanceté réfléchie. Sans doute il y avait alors
des penchans très-déréglés que favorisaient
une interprétation arbitraire des lois de la
morale, et un fatal dédain pour les préceptes
religieux ; mais les passions haineuses cédaient à l'ivresse commune des rêves philanthropiques.

Il est un trait distinctif que les Français dé-
veloppèrent graduellement durant le cours
du 18ᵉ siècle : c'est le besoin d'agitation.
Au temps de la régence, ils l'exercèrent
en se livrant à des plaisirs licencieux. Cal-
més plutôt que contenus par la sagesse du
vieux cardinal de Fleury, ils s'occupèrent de
controverses religieuses, et trouvèrent bientôt ce genre de discussion ridicule et suranné.
Les spéculations brillantes et audacieuses de
la philosophie leur parurent plus dignes de
leurs recherches ; ils furent charmés d'être
impétueux avec méthode. Les malheurs, les

fautes et les vices de Louis XV, le despotisme
précaire de ses dernières années, avaient
fait languir cette exaltation : les vertus et la
jeunesse de son successeur l'eurent bientôt
ranimée. La courte administration de Turgot
dirigea les esprits vers un ensemble de réformes qui présentait une nouvelle organisation sociale (j'ai déjà retracé ces différentes
époques). La révolution d'Amérique, dont
les Français furent les instigateurs et les
auxiliaires, les passionna pour les institutions, et surtout pour le mot et les formes
de la liberté. Ils tressaillirent de plaisir en
voyant que la faiblesse du roi, la prodigalité
d'une cour étourdie, l'embarras des finances,
les témérités malheureuses des ministres qui
tentèrent sans prudence de grandes opérations, et sans courage des remèdes violens,
et enfin que l'opposition altière des premiers
corps de l'État, entraînaient un changement
politique dont l'imagination ne pouvait assi-
gner les bornes. Voilà ce qui me reste à
peindre dans un ouvrage qu'on peut considérer comme une introduction à la plus imposante des histoires, à celle qui semble ren-
fermer les catastrophes de vingt peuples et
de vingt siècles. Ce fut depuis 1789, et surtout depuis 1792, que se manifesta, dans

toute sa violence, une exaltation qui bientôt n'eut plus rien de commun avec les principes, ni avec les douces illusions dont elle s'était alimentée. Il y eut pendant plusieurs années un autre peuple français. Mais aux grands crimes succédèrent les grands exploits ; et le peuple français fut retrouvé. Le dix-huitième siècle finit, et ce besoin d'émotions vives, d'événemens prodigieux, prit sa direction vers les travaux de la gloire.

Je puis, en montrant tous les dangers du penchant aux révolutions, n'insulter ni aux fautes, ni aux malheurs d'une génération qui fut entraînée par l'ivresse progressive des deux générations précédentes ; je puis, en nommant des hommes dont la jeunesse fut livrée à de brillans prestiges, signaler des erreurs sans accuser des intentions perverses. Je m'occuperai plus à peindre le mouvement général des esprits, qu'à retracer des intrigues particulières. Je placerai rarement sur la scène historique des personnages qui, appelés à y figurer par leur naissance, n'y montrèrent ni grandes vertus, ni vices odieux. Il y aura plus de justice dans mon silence que dans une complaisante apologie ou dans une lâche satire. Je m'abstiendrai de tout effort pour peindre le caractère

d'hommes qui ne sont aujourd'hui qu'au milieu de leur carrière , et à qui sont ouvertes
des routes plus faciles de bonheur et de
gloire. Voilà des précautions que la morale
prescrit encore plus impérieusement que la
prudence à l'écrivain de toute histoire contemporaine : elles ne me coûteront aucun sacrifice , aucune omission remarquable dans
deux Livres destinés à retracer les grands
effets de la révolution d'Amérique, ni dans cc-
lui où je jetterai un dernier coup d'œil sur les
mœurs et les opinions d'un peuple qui allait
subitement, changer de caractère et de lois ;
mais elles me forceront de presser beaucoup
ma marche dans le dernier Livre , qui con-
tiendra l'intervalle de la premiere assemblée
des Notables à l'ouverture des États-Géné-
raux. Là , ce n'est plus le prélude d'une révolution ; c'est presque la révolution même.
Dès qu'on arrive à une telle époque, le récit
se précipite , peint la rapidité d'événemens
qui se heurtent , et suit avec désordre la
chute accélérée de la plus ancienne et de la
plus florissante monarchie de l'univers.

La cour, après
la retraite de
Turgot.
1776.
Qu'après deux années de règne un jeune
monarque , s'arrachant par un salutaire effort, aux penchans de son âge , renvoie des
ministres accusés d'avoir flatté ses passions,

et fourni de fatales ressources à sa prodigalité , cet aveu indiscret des fautes qu'il a
commises , cet engagement tacite de les réparer, loin d'affaiblir l'autorité royale, l'en-
vironne de tout ce que l'amour du peuple y
ajoute de grâce et de vigueur. Mais Louis XVI
était dans une situation bien différente après
la disgrâce de Turgot et de Malesherbes. Il
semblait dire : « J'ai été séduit par des illu-
» sions de bien public ; je mettrai mes soins
» à m'en défendre. Les systèmes nouveaux
» que j'avais étudiés, et que je chérissais,
» vont faire place aux vieilles habitudes qu'on
» attaque depuis un demi-siècle. Le savoir
» et le génie ont leurs dangers : j'aime mieux
» m'adresser à la médiocrité ; l'austère pro-
» bité ne peut réussir à la cour, même quand
» je l'y protége. Je cherchais les ressources
» de l'ordre ; je me livre aux expédiens. »
La nation s'attendit à faire une seconde
épreuve d'un roi sans volonté. Tous les hommes d'une activité inquiète jugèrent qu'il
serait commode d'attaquer le despotisme
lorsqu'il n'y avait point de despote.

Les corps privilégiés, et le parti déjà nombreux que la retraite de Turgot laissait sans
chef, ne regardèrent point comme terminé
le débat important qui venait de s'élever

entre eux. « Le caractère irrésolu du roi,
disaient les uns, ne nous permettra jamais
de renverser entièrement les projets des no-
vateurs. Le roi, disaient les autres, sera ramené par ses affections et par ses intérêts à
de vastes plans, sur lesquels repose son salut
aussi-bien que celui du peuple. » Cependant
les deux partis firent une espèce de trêve
momentanée, pour observer l'aspect que la
cour allait prendre, et quelle influence s'y
ferait sentir. L'un et l'autre s'aperçurent
bientôt que les vertus du roi étaient inimua-
bles, mais privées de fermeté; que sa timide
indulgence lui ôtait jusqu'à l'autorité d'un
chef de famille; qu'il manquait de discer-
nement pour faire sentir à sa jeune compa-
gne combien il lui convenait mieux d'être
respectée qu'adorée de la cour; que cette
princesse, tout occupée de plaire, n'aurait
jamais que par caprice l'ambition de gouverner; que la cour restait frivole pendant
que la nation devenait ou se croyait grave ;
que, des deux frères du roi, l'un semblait dé-
tourné des affaires par le goût de l'étude, et
l'autre par les goûts de son âge; que tous les
autres princes n'étaient attentifs qu'à se créer
des amusemens divers dans leur fastueuse
oisiveté ; que mesdames, tantes du roi, et

sa jeune sœur , madame Élisabeth *, qui se formait aux vertus les plus pures, n'auraient que peu d'influence sur un roi dont le cœur était religieux, et les pensées philosophiques ; enfin, que le comte de Maurepas s'amuserait jusqu'à la fin de sa vie du rôle d'un premier ministre , et resterait, au milieu de la jeune cour dont il paraissait devoir être l'unique modérateur , aussi occupé de jeux, de chansons et de railleries , qu'il l'avait été dans sa retraite. Les deux partis , qui ne voyaient s'élever aucun arbitre au-dessus d'eux, furent persuadés que les progrès du luxe et le désordre des finances accéléreraient le moment où l'on demanderait à l'un des sacrifices , à l'autre des conseils.

Je vais développer quelques parties de ce tableau général.

Au moment où l'on repoussait avec une feinte indignation l'égalité en matière d'impôts , il s'établissait une égalité bien plus dangereuse à la cour , dans un pays où il semble que tout doive être étonné , épou-

---

* Une autre sœur du roi, madame Clotilde , avait été mariée l'année précédente au prince de Piémont. C'était la troisième alliance qui unissait les deux maisons de Bourbon et de Savoie.

vanté d'un tel mot. C'était le besoin de plaire
qui avait établi une espèce de niveau entre
les courtisans. Ceux même qui dissimulaient
le moïns leur frivolité aspiraient à devenir
les guides politiques de la reine. Le désir
qu'elle avait elle-même de plaire, penchant
où il entrait encore plus de la bonté de son
caractère que des impressions naturelles à
son âge, exaltait toutes les espérances. Elle
distribuait avec grâce des mots obligeans et
flatteurs; elle honorait dans les courtisans
d'un âge mur un mérite que la voix publique ne leur accordait pas généralement; de-
vinait des qualités héroïques dans ceux qui
ne s'annonçaient encore que par la vivacité
et les agrémens de l'esprit; s'intéressait aux
malheurs particuliers et à l'ambition particulière de chaque famille; s'inquiétait pour
tous ceux qui montraient à ses fêtes quelques
nuances de chagrin; s'excusait d'un oubli,
d'une distraction, et réparait ces torts; consultait des hommes graves sur une parure,
des étourdis sur la politique; donnait beaucoup aux pauvres pour avoir moins à se reprocher ce qu'elle faisait donner aux courtisans; paraissait éprise de tous les arts, cé-
lébrait tous les talens, et se croyait au siècle
des prodiges, au séjour de la fidélité et de

la reconnaissance. L'ambition, toujours crédule, et la vanité, qui l'est encore plus, in-
terprétaient comme les signes d'un crédit
tout-puissant des mots échappés à l'affabilité
de la reine. Ceux qui étaient forcés de reconnaître l'illusion et la chimère de leurs
espérances, montraient hautement leur dépit, et faisaient succéder l'ingratitude à la
présomption. Au commencement de l'année
1776, il circula des couplets infâmes contre
la reine. Le public y réconnut la vengeance
de quelques courtisans jaloux : il s'en in-
digna moins qu'il n'aurait fait deux ans auparavant.

Tel était l'état de la cour, que la fortune
n'y dépendait plus des regards du roi. Cependant quelques hommes d'un nom illustre
et d'un cœur sincère s'attachaient à lui sans
en rien espérer pour leur avancement. Ils
lui montraient plutôt une affection noble et
franche, que ce respect mêlé de crainte
qu'inspirait Louis XIV. Le roi, loin de reprocher aux autres courtisans une insolente
indifférence, semblait heureux d'échapper
à leurs importunités pour se livrer mieux à
des travaux nécessaires; et à des études de
son choix. On ne pouvait pousser plus loin
l'indulgence pour des défauts dont il devait

être à jamais exempt. Si la reine s'offrait à ses yeux avec une parure peu digne du rang le plus auguste, il se contentait de regretter une parure plus noble et plus simple qu'il lui avait vue la veille. S'il trouvait quelque fête trop dispendieuse, quelque spectacle inconvenant, il se bornait à montrer l'ennui qu'il en ressentait, et se retirait plus tôt que de coutume. Son absence semblait être le signal des plaisirs. Cependant chaque jour il trouvait plus d'attrait dans l'entretien de la reine. Le peu de plaisirs qu'il goûtait cessait dès qu'il la voyait affligée; nul sacrifice ne l'arrêtait pour écarter les nuages qui troublaient son bonheur. Une dépense qui lui eût été personnelle, et qui eût coûté quelque charge nouvelle à son peuple, lui eût causé des remords; mais il se résignait, avec une facilité déplorable, à toute dépense dont il n'était point l'objet.

C'était après une faible résistance qu'il se décidait à payer les dettes du comte d'Artois. Ce prince avait un jour commis une faute qui avait vivement affecté le roi : le comte de Maurepas fut chargé de lui donner des avertissemens sévères; il s'en acquitta cette fois avec une fermeté dont malheureusement il n'avait pas l'habitude. *Eh bien!* dit le prince,

que peut me faire le roi? — *Monseigneur*, reprit le comte de Maurepas, *le roi peut vous
pardonner.* Jamais, je crois, la réserve d'un
courtisan ne rencontra une expression plus
noble.

ʻi On n'entendait à la cour d'un roi économe Progrès du luxe, et ses effets.
que ces mots : Il faut représenter avec no-
blesse. La maison des deux princes ses frères
était montée avec une somptuosité qui surpassait de beaucoup celle de la maison du
dauphin sous Louis XIV, et même sous
Louis XV. Mesdames eurent plus à se louer
de la libéralité du roi leur neveu que de
celle du roi leur père. Les grands biens ac-
cumulés dans la branche d'Orléans n'em-
pêchaient pas que les dépenses du duc d'Orléans et celles du duc de Chartres son fils ne
fussent indirectement onéreuses au trésor
royal. Les deux branches de Condé, moins
riches, appelaient des secours fréquens. Des
princes, jeunes pour la plupart, cherchaient
à se surpasser réciproquement par quelque
genre particulier de splendeur, ou par un
éclat plus tumultueux dans les plaisirs. L'u-
sage qui s'introduisait à la cour, d'imiter les
goûts des seigneurs les plus fastueux et les
plus fous de l'Angleterre, ouvrait une source
de dépenses immodérées Le luxe des che-

vaux était sans bornes. Les vieux parcs tombaient pour faire place à des jardins anglais
d'une savante et coûteuse irrégularité. On
s'épuisait en profusion pour des courtisanes
qu'on affectait d'aimer peu. Le jeu était
excessif à Versailles, parce que le jeu était
excessif à Londres. La reine et le comte
d'Artois en supportaient le plus souvent les
pertes, et le duc de Chartres en enlevait les
bénéfices. Les courses de chevaux et les paris
qu'elles entraînaient fournissaient un nouvel aliment à cette passion. Le roi témoignait
une improbation constante, mais inutile, de
tous ces usages anglais *. Les princes se
trouvaient heureux de ressembler, par ces
plaisirs à la fois mornes et bruyans, à des
membres vantés de la chambre des lords ou
de la chambre des communes.

* Le roi se trouvait un jour à l'une de ces courses
que les princes et les jeunes courtisans faisaient faire par
leur jockeis. Le comte d'Artois l'invita à parier pour un
coursier qu'il avait fait venir à grands frais d'Angleterre : « Eh bien ! dit le roi, je parie un écu de trois
livres. » Si ce mot eût été dit par Louis XIV, tous les courtisans eussent bientôt renoncé à une manie que le roi eût
traitée avec un dédain si judicieux. Ils le jugèrent, dans
la bouche de Louis XVI, une plaisanterie basse et digne
d'une âme commune.

La vieille cour , dans sa corruption, avait entraîné moins de dépenses que n'en coûtait cette cour avide de mouvemens, ivre de nouveautés. Tant que l'étiquette fut conservée, les équipages; les meubles, les habillemens et les ornemens de tous genres eurent une ampleur, une solidité qui les soutenaient assez long-temps contre de nouveaux caprices. Mais, quand on affecta de se dégager de tout appareil magnifique pour se livrer entièrement à l'élégance, les futiles inventions de la mode furent inépuisables. Comme une reine aimable en dictait les lois ; tout obéissait avec promptitude. La gêne qui existait depuis long-temps dans la plupart des grandes fortunes devint plus alarmante. Les courtisans colorèrent des demandes avides du prétexte de la nécessité. Outre la liste des pensions qui se grossissait, il y eut beaucoup de dons clandestins; et des gratifications immenses qui, consignées dans un livre secret, échappaient plus facilement au contrôle. On ne se lassait point de créer les emplois inutiles, qui déguisent la munificence du souverain; et sont pour le peuple un continuel sujet de murmures.

Sans plan, sans opinion arrêtée, le comte de Maurepas regardait ce désordre comme

Le comte de Maurepas.

inhérent à une cour, essentiel à la monarchie, et semblait toujours craindre que le
roi ne se montrât trop sévère. Il le trompait
par un air serein et par une gaieté où tout
autre qu'un prince à la fois faible et inexpéri-
menté aurait vu le comble de l'égoïsme
et de l'imprévoyance.

Il faisait avec esprit l'apologie de ses goûts
futiles, et, comme tous les vieux courtisans
de Louis XV, savait leur donner quelque
apparence de réflexion profonde. « Les
» philosophes et les anglomanes, disait-il
» à ses familiers, menacent également la
» gaieté française. Maintenons le goût des
» sociétés délicates et légères; ou nous au-
» rons bientôt des clubs; employons le
» vaudeville à faire la guerre aux traités de
» philosophie et aux écrits politiques... Le
» roi est sérieux; si son ministre l'était, on
» nous croirait déjà entrés dans le gouffre.
» Les finances ne se rétablissent pas. Croyez-
» vous qu'elles se rétabliront mieux quand
» tous les Français viendront aider le roi de
» leurs calculs? Il faut modérer le luxe, et
» non le décourager : s'il amène des embar-
» ras, il crée des ressources. Les finances
» n'atteignent pas l'or qui se cache; le fisc
» ne sait le rencontrer qu'au milieu de la

» plus active circulation. J'ai vu, sous le
» cardinal de Fleury, que l'économie du
» gouvernement peut avoir ses excès. Il
» faut être, comme lui, calme, adroit et
» flexible ; mais ce n'est plus le temps d'i-
» miter sa parcimonie. Qui plus que moi a
» souffert et gémi de l'état où il laissa notre
» marine ? J'espère bien créer une marine
» florissante et peut-être victorieuse. »

Il est vrai que la marine française recevait des accroissemens considérables. Les
plans du duc de Choiseul se suivaient dans
une cour dont il était écarté par l'insur-
montable aversion du monarque. Le gouvernement anglais ne montrait plus son
arrogance qu'à ses colonies, craignait tout
mouvement qui eût fait diversion à l'entreprise déjà commencée depuis plus de deux
ans, de les soumettre par la force des armes ; décelait sa crainte par la timidité de
ses négociations avec des puissances rivales,
et, pour la première fois, n'osait nous
demander compte de l'activité qui régnait
dans nos ports. Les subterfuges les plus aisés
de la politique suffisaient aux cabinets de
Versailles et de Madrid, pour détourner
l'attention des ministres de la Grande-Bretagne ; ceux-ci semblaient avoir pris le parti

de cacher à leurs compatriotes, et de se dissimuler à eux-mêmes un danger auquel ils
n'étaient point préparés. Ainsi, la France
était libre de commencer une guerre maritime lorsqu'elle aurait achevé le développement de ses forces. Malgré les souvenirs
importuns des désastres de la guerre de 1740,
et de celle de sept ans, on se livrait à l'espérance d'obtenir, ou du moins de partager
l'empire des mers, et de fonder la restauration des finances sur un vaste accroissement
de commerce. L'objet d'une guerre où il
s'agissait de seconder les efforts d'une république naissante, au risque d'en propager
les principes, inquiétait peu le comte de
Maurepas, à qui tout danger était indifférent
dès qu'il lui paraissait éloigné. La jeune
noblesse, les philosophes et la plupart des
commerçans hâtaient, par leurs vœux,
l'exécution du plan présumé du comte de
Maurepas, et souvent accusaient la marche
lente de ce ministre.

Composition
et vues du mi-
nistère en
1776. Le comte de Vergennes appliquait à des
desseins vastes, mais dont toutes les conséquences n'étaient pas prévues, les ressources
d'une politique habile. Son but était d'o-
pérer la ligue de tous les pavillons contre
un pavillon dominateur. On se louait de

l'activité du secrétaire d'État de la marine. Ce département était rempli par Sartines, qui auparavant s'était montré le plus habile lieutenant de police que la capitale eût eu depuis le premier d'Argenson. On avait senti le besoin d'un magistrat sévère pour dompter l'esprit insubordonné du corps de la marine. Divisé depuis long-temps entre deux factions, ce corps fatiguait le gouvernement par l'obstination de ses débats, ne les suspendait que pour résister aux ministres eux-mêmes, et surtout pour éloigner avec arrogance les plus faibles prétentions de la marine marchande. Les ducs de Choiseul et de Praslin, sans faire cesser cet état de division, avaient inspiré à la marine un vif désir d'effacer les taches que lui avaient imprimées des chefs lâches ou imprudens.

Les opérations du comte de Saint-Germain, ministre de la guerre, étaient devenues un contre-sens depuis que la retraite de Turgot et de Malesherbes avait fait tomber les principes populaires. Cependant le comte de Maurepas lui permit de les continuer, sans doute pour se ménager le plaisir de les décréditer avec plus d'éclat. Le comte de Saint-Germain s'aperçut du piége, n'attaqua plus que faiblement les préroga-

tives militaires des nobles, et fit tomber sur
les soldats les rigueurs des réformes nouvelles. Chacun des officiers-généraux et des co-
lonels se rendit juge de ces ordonnances
inconsidérées, et surtout de celle qui punis-
sait par des coups de plat de sabre les fautes
de discipline parmi les soldats. Le maréchal
de Broglie prêta un appui manifeste à ceux
qui refusaient d'introduire dans leurs corps
la rudesse germanique du comte de Saint-
Germain. Des mots énergiques, proférés par
des grenadiers, produisirent le même effet
d'opposition qu'auraient pu faire d'éloquentes remontrances. L'un d'eux avait dit : *Je
n'aime du sabre que le tranchant.* C'était le
cri de l'honneur : il fut répété avec enthousiasme. Les partisans de là nouvelle
discipline furent peu nombreux. Les ma-
jors les plus sévères pardonnaient des fautes
assez graves pour n'avoir pas à les punir
d'une peine trop dure. Ainsi la discipline était
attaquée par le soin même qu'on avait pris
d'en augmenter les rigueurs. Le roi ne voulut point faire expier un essai si malheureux
au comte de Saint-Germain, par une disgrâce subite; mais il y prépara les esprits.
Le prince de Montbarey fut d'abord nommé
mé l'adjoint du comte de Saint-Germain.

Six mois après il lui succéda au département
de la guerre, et modifia ses mesures sans
paraître abandonner tout-à-fait son système.

Quant au système bien mieux entendu et
plus fortement lié qu'avait développé Turgot, le gouvernement fut bientôt entraîné
à le désavouer avec un mépris indiscret.

Les corps privilégiés avaient vu dans le
nouveau contrôleur général de Clugny un
défenseur de leurs droits. « Vous serez fidèle, lui disait-on, aux usages antiques ;
vous repousserez les innovations avec autant
de fermeté que l'ont fait les plus sages de
vos prédécesseurs.

Clugny s'empressa de mériter les éloges
intéressés des hommes les plus puissans et
les plus opulens du royaume. A chaque instant, des arrêts du conseil cassaient des
dispositions ou locales ou partielles, que
Turgot avait fait adopter pour familiariser
la nation et la cour avec son système. Celles
même qui n'étaient point révoquées paraissaient tomber en désuétude. Ainsi se joignait au mal de la contradiction des lois de
finances entre elles, celui de leur inobser-
vation. Toute pudeur aussi-bien que toute
prudence fut écartée du conseil le jour où

Opérations
du contrôleur
général de Clu-
gny.

on y délibéra de révoquer les édits même
dont, quelques mois auparavant, le roi
avait commandé l'enregistrement dans un
lit de justice. Nul besoin de l'État, nul
péril imminent, nul murmure de la nation,
ne forçaient Louis XVI à s'humilier ainsi
devant les parlemens. En montrant un repentir si déplacé, si pusillanime, il mettait
son autorité bien plus en péril que le jour
même où il vint rétablir des magistrats,
enorgueillis de leur exil, sur des siéges
d'où ils avaient si souvent inquiété son aïeul.
Comment le comté de Maurepas put-il entraîner son élève à cette rétractation ? S'a-
gissait-il ici de révoquer des lois violentes,
tyranniques et maudites par le peuple ?
Non : l'unique prétexte d'actes si contraires
à la dignité du roi était de soulager les
grands propriétaires de leur part à une faible taxe pour l'entretien des routes. D'a-
bord il parut un édit pour le rétablissement
des jurandes et maîtrises : ensuite on sus-
pendit l'exécution de l'édit sur le remplacé-
cément des corvées, et peu de temps après
on le révoqua définitivement. Le parlement
ne se souvint que trop de cette victoire :
lorsque, dans les jours qui précédèrent la
révolution, le roi voulut établir un impôt

territorial.où la noblesse, et le clergé étaient
appelés à partager le fardeau des taillables
et des corvéables , le parlement ne crut
plus à la fermeté, d'un prince qui avait
déjà établi et désavoué ce principe. Je n'ai
pu m'empêcher de faire par anticipation
ce douloureux rapprochement , parce qu'il
est juste , en écrivant, l'histoire du plus
malheureux des princes, de montrer quelle
fut l'imprudence de son guide.

Le contrôleur général Clugny ne respecta
qu'une seule mesure de Turgot ; il est vrai
qu'elle n'avait pas encore reçu de celui-ci
un commencement d'exécution , et que le
nouveau ministre était séduit par l'espérance
d'en usurper l'honneur. Cette mesure était
l'établissement d'une caisse d'escompte, le
premier effort de ce genre qu'on eût osé
faire depuis la fameuse banque de Law.
Turgot avait pris beaucoup de précautions
pour que les opérations de la caisse d'escompte ne parussent pas subordonnées à
celles du trésor royal , ni destinées à lui
offrir une ressource dans des momens de
gêne. Son successeur s'efforça aussi de faire
croire à l'indépendance du nouvel établissement. La lenteur avec laquelle les action-
naires remplirent un fonds de deux millions,

qui devait servir de base à la caisse d'escompte, annonça combien le crédit public
avait reçu une secousse profonde.

La courte administration de Clugny fut
marquée par une création fort opposée à
tous les principes qui avaient dominé sous
le ministère précédent : ce fut celle de la
loterie de France; on substitua cet établissement à plusieurs loteries particulières, qui
avaient été instituées ou tolérées sous des
prétextes de bienfaisance. Des loteries étrangères avaient d'abord éveillé la passion
pour un jeu dont on imitait les chances
jusque dans la composition des emprunts.

Les procédés de Clugny avaient beaucoup
d'analogie avec ceux de l'abbé Terray ; mais,
s'il n'y mettait point la même violence, il
y mettait beaucoup moins d'habileté. Sous
l'un le fisc prenait beaucoup, sous l'autre
il laissait beaucoup prendre ; et déjà le public eût préféré l'abbé Terray lui-même à
son faible imitateur. Le roi gémissait de ce
que les finances, ainsi conduites, devenaient
incompréhensibles pour lui. Le comte de
Maurepas était tout prêt à sacrifier un ministre dont les forces semblaient épuisées à
l'entrée de la carrière, lorsque celui-ci fut
frappé d'une maladie que les médecins jugè-

rent mortelle. On eut le temps de procéder avec réflexion au choix de son successeur. Monsieur fit des efforts pour élever au contrôle général un intendant de sa maison. Le comte de Maurepas craignait l'ascendant qu'une telle nomination donnerait à ce prince. Pour empêcher le roi de céder au vœu de son frère, il fallait ranimer en lui la ferveur avec laquelle il avait espéré le bien public, et lui montrer un homme qui pût l'opérer par d'autres procédés que ceux de Turgot. Un banquier né dans une république, et professant la religion réformée, Necker, fut indiqué au comte de Maurepas, et obtint le suffrage d'un vieux ministre qui avait vu, sous la régence, l'ébranlement donné à l'État par le fameux Écossais. Le nom de Necker était déjà entouré d'une telle considération, que personne ne parut faire un rapprochement qui eût été injuste; il est vrai, mais qui semblait naturel.

Necker, né à Genève[1], était venu de bonne heure s'établir en France. Il se voua au commerce en sacrifiant son penchant pour les lettres, et surtout pour la renommée. Plein de constance dans ses vues, de dextérité dans ses moyens, doué des qualités qui inspirent la confiance et qui la justi-

Les finances sont confiées à Necker.

fient, il fut heureux. Sa fortune rapide n'excita point de réclamations. Bientôt il la con-
sidéra comme un moyen de satisfaire l'ambition à laquelle il avait momentanément
renoncé. Une discussion qu'il eut à soutenir
pour la compagnie des Indes, que sa vigilance avait ranimée après la guerre de sept
ans, et dont un ministre puissant avait juré
la ruine, révéla au public, et peut-être à
lui-même, les moyens qu'il avait de séduire
et d'intéresser les lecteurs *. Le titre d'envoyé de la république de Genève lui fournit
une occasion d'ouvrir sa maison opulente à
des personnages distingués. On le voyait li-
béral plutôt que fastueux ; habituellement
grave, mais connaissant les ressources d'un
badinage agréable et d'une ironie piquante ;
distrait, mais de cet air ambitieux qui semble indiquer le travail du génie ; bon sans
être simple, adoré des siens, et jouissant
avec calme d'hommages qu'il ne semblait
pas commander. Personne ne lui en rendait
de plus sincères ni de plus empressés que sa
femme. Née à Genève, élevée par un père

---

* Necker, dans cette discussion, répondait à des Mémoires écrits par l'abbé Morellet, et dans lesquels cet
habile dialecticien développait les avantages d'une liberté
de commerce illimitée.

qui avait donné à son esprit une forte culture , ajoutant à cet avantage celui d'une
beauté remarquable et d'une conduite pure,
elle n'avait de pensées, de combinaisons
que pour l'objet de son culte. Sa société offrait un habile mélange d'hommes de cour et
d'hommes de lettres. Madame Necker louait
avec chaleur les talens et les vertus de plusieurs philosophes, sans paraître zélée pour
la philosophie. Dans d'autres cercles, les
grâces de l'esprit pouvaient être plus faciles,
la gaieté plus vive ; mais nulle part on ne
trouvait ni des goûts plus nobles, ni des habitudes plus régulières, ni une prétention
plus décidée à la perfection morale...   ,

Necker , en défendant la compagnie des
Indes, s'était trouvé, dès son début, en opposition avec les économistes. L'habitude
des affaires et des calculs exacts donne souvent aux meilleurs esprits un dédain prononcé pour les théories. Soit que Necker en-
trevît de grands dangers dans les principes
professés par Turgot , soit qu'une ambition
secrète le portât à se déclarer l'adversaire
d'un ministre contre lequel la plupart des
grands s'étaient ligués, il attaqua sa doctrine sur la liberté illimitée du commerce
des grains. Il tint le public en balance, et

se fit déclarer homme d'État à l'aide d'une
brochure. Ceux qui déclamaient contre le
nouveau Sully des économistes, annoncèrent dans Necker un nouveau Colbert. Il
avait su préparer cette comparaison en pu-
bliant un éloge de ce ministre, dont le
système était alors décrié. La palme aca-
démique qu'il obtint n'eût été qu'un succès
frivole, s'il n'eût fait sentir que Colbert pouvait renaître dans son panégyriste. Ainsi s'a-
planissaient par degrés les obstacles qui semblaient devoir éloigner du conseil du roi
de France l'envoyé de la république de Genève. Une grande considération formait à
cette époque un titre au moins égal à celui
de la naissance, et pouvait même suppléer
aux moyens de l'intrigue. On ne sait si Necker, pour arriver au pouvoir, eut recours
à ces moyens : on pourrait le supposer par
le nom de celui qui le désigna en même
temps au roi et au comte de Maurepas. Ce
fut le marquis de Pezay, qui, de la futile
existence d'un poëte assez froidement éro-
tique, avait passé promptement à celle d'un
homme en crédit à la cour, quoique son
nom fût nouveau dans ce pays. Pendant la
vieillesse de Louis XV on avait fait choix
de cet officier subalterne et novice, pour

donner à son petit-fils des leçons de tactique, sans doute afin que ce prince ne se
passionnât pas trop pour l'art de la guerre.
Louis XVI, dès les premiers jours de son
règne, voulut avoir, à l'exemple de son
aïeul, des correspondances secrètes, soit
à l'intérieur, soit au dehors. Le marquis de
Pezay fut chargé de l'informer de tout ce que
ses ministres pouvaient avoir intérêt à lui
cacher, et devint un auxiliaire précieux
pour le comte de Maurepas. La littérature
légère que cultivait le marquis de Pezay
était peu goûtée dans la société sérieuse de
madame Necker; mais celle-ci se gardait
bien de négliger un homme en crédit. Le
marquis de Pezay sut par elle combien Necker était propre à gouverner les finances.
L'entreprise d'élever cet étranger au ministère le plus important lui parut un effort
patriotique dont la France le bénirait. Il sut
persuader au comte de Maurepas que le suffrage de la capitale, et bientôt celui de la
nation, justifieraient cette nouveauté hardie; qu'on pouvait y préparer les esprits
par une nomination indirecte; qu'au moment où l'on voulait faire revivre, ou plutôt fonder le crédit public, il importait de
flatter les commerçans et les capitalistes,

sur lesquels Necker exerçait l'empire le plus adroit ; qu'il fallait ou sacrifier l'occasion de se venger de l'Angleterre, ou se confier à un homme qui sût imiter les procédés magiques des finances anglaises ; et qu'enfin, la situation d'un banquier génevois étant précaire à la cour, il aurait toujours besoin, pour se soutenir, de la même main qui l'aurait élevé.

Necker était recommandé au roi sous d'autres rapports, soit par ce même marquis de Pezay *, soit par des hommes d'un ordre plus élevé qui avaient avec ce monarque la sympathie d'avoir l'amour du bien public pour première passion. « Le roi, disaient quelques-uns des courtisans, peut en-

---

* La faveur du marquis de Pezay ne se maintint que peu de mois après la nomination de Necker. Vraisemblablement il s'enorgueillit trop d'un succès aussi important. Le comte de Maurepas ne le trouva plus aussi docile à lui soumettre sa correspondance avec le roi, et l'éloigna de la cour. Celui qui avait fait nommer le directeur des finances, et que celui-ci appelait hautement son meilleur ami, reçut le titre modeste d'inspecteur général des garde-côtes, partit pour cette mission, l'exerça avec beaucoup d'humeur et de brusquerie, succomba au ressentiment d'un intendant qu'il avait humilié, fut exilé dans sa terre, et mourut de chagrin à la fin de l'année 1777.

core ouvrir son cœur à l'espérance d'établir un ordre stable et sévère , et de rendre ses vertus personnelles utiles au bonheur de la nation ; le travail de M. Necker serait pour lui une source continuelle d'émotions nobles et touchantes. Plus calme et moins absolu que M. Turgot dans ses opérations , il saurait mieux éviter la domination d'un parti. Plein de respect pour l'opinion publique , il aurait l'air et la force d'en être le guide ; il agirait pour le peuple lentement , mais avec persévérance, et combinerait le soin de le soulager avec celui de l'instruire. La plupart de ses desseins seraient impénétrables , parce que , sans avoir la sécheresse de l'homme d'État , il en a naturellement la réserve. »

Voilà comment un vieux ministre , qui n'aimait point les essais hasardeux, et un jeune monarque qui commençait à s'en effrayer, furent entraînés à confier les finances , c'est-à-dire, le sort de la monarchie , à un républicain. Le contrôleur général Clugny mourut le 22 octobre 1776 , après six mois d'une administration sans vues et sans caractère : on lui donna pour successeur apparent, Taboureau , intendant de Valenciennes , qu'on avait moins choisi

pour ses talens que pour sa complaisance.
On créa pour Necker la place de directeur du
trésor royal, avec des attributions assez
étendues pour qu'il pût s'emparer de l'action principale du ministère. Taboureau ne
fut considéré du public que comme le prête-
nom de l'administrateur qu'on paraissait lui
subordonner. Il n'entreprit point de lutter
contre un rival qui le surpassait toujours en
promesses et en ressources. Au bout de
quelques mois, il se lassa d'un rôle sans
dignité, et donna sa démission. Les esprits
étaient préparés à voir Necker investi de la
plus vaste autorité; il eut la modestie de ne
pas prendre le titre de contrôleur général,
et l'orgueil de refuser les appointemens attachés à cette place. Cette dernière nouveauté
plut à la plupart des Français. Les partisans des vieux usages (et le nombre en di-
minuait chaque jour) gémissaient de voir
le roi se prêter à cette fierté républicaine ;
plusieurs des philosophes entrevoyaient que
la vertu de Necker était mêlée d'ostentation.

La marche du directeur du trésor royal
parut d'abord calculée d'après le principe,
que la sagesse vaut mieux que le génie dans
l'administration des finances; mais il n'était
pas encore assez exercé aux vues, ni même

aux études de l'homme d'État, pour que
cette sagesse lui fît prendre une marche
sûre. Il avait superficiellement étudié le système du crédit public que l'Angleterre suivait depuis près d'un siècle; il s'en exagérait
les ressources, faute d'en avoir assez ana-
lysé les moyens. Il croyait au prodige, parce
qu'il n'avait ni recueilli, ni examiné tous
les faits. Le crédit public lui paraissait trop
se fonder sur des ressorts purement moraux,
tels que l'exaltation du patriotisme, tels que
l'estime pour les vertus personnelles d'un
souverain ou d'un ministre. La nécessité
d'asseoir les emprunts sur un gage solide,
de les combiner de manière à rendre plus
abondante et plus féconde la masse des ca-
pitaux, et de préparer l'amortissement de
la dette publique au moment même où l'on
en accroît les charges; ces ressources, qui
allaient être bientôt perfectionnées dans une
nation toute vouée aux calculs *, n'avaient
pas suffisamment attiré la méditation de

---

* Les Anglais avaient depuis long-temps une caisse
d'amortissement dont ils obtenaient quelques avantages
pour modérer leur dette publique; mais ce fut le docteur Price qui, vers la fin de la guerre d'Amérique,
imagina le plan, au moins très-spécieux, que le second
Pitt mit en usage.

Necker : un certain penchant de son esprit à combiner des idées vagues avec des idées positives l'empêchait de faire de grandes découvertes en finances.

Turgot, le jour même où il accepta le ministère, avait dit : *Point de nouveaux emprunts, point de nouvelles impositions*. Cette promesse était hardie de la part d'un homme qui savait que vingt-cinq millions suffiraient à peine pour égaler les recettes aux dépenses annuelles; mais des combinaisons puissantes pour améliorer les impôts par une répartition aussi juste que courageuse, rendaient concevable l'espérance du chef des économistes. L'audace de Necker fut vraiment incompréhensible; car son principe était : *Beaucoup d'emprunts nouveaux, et point d'impositions nouvelles*. Un art assez confus, qu'on appelle revirement de parties ; un autre art bien dangereux, celui de tendre des amorces à la cupidité des capitalistes ; enfin, une multitude de petits bénéfices, qui, par leur accumulation, paraissaient suppléer à un nouveau fonds de richesses : voilà les moyens par lesquels Necker, séduit lui-même, séduisit, pendant cinq ans, le roi, les grands corps de l'État, la ville de Paris, les villes étrangères qui passaient pour porter beaucoup de prudence dans leurs spéculations, telles que Gênes, Genève, Livourne, Hambourg, et même Amsterdam.

La quotité du déficit annuel était devenue plus que jamais difficile à constater, parce qu'il fallait ajouter à l'insuffisance périodique des revenus, des remboursemens qui devaient s'opérer à certaines échéances, et des anticipations qu'on couvrait par des anticipations nouvelles. Chacun des contrôleurs généraux avait démenti, en arrivant au ministère, les aperçus donnés par son prédécesseur sur les charges extraordinaires de l'année. L'abbé Terray, administrateur violent et injuste, mais comptable exact et judicieux, avait le premier montré, dans son compte de 1774, quelques moyens de se guider à travers cet obscur labyrinthe. Les calculs de Turgot sur les revenus et les charges de l'État n'avaient différé de ceux de son prédécesseur que d'une somme de douze ou quinze millions ; c'était la moindre différence qu'on eût encore aperçue entre deux comptes successifs de contrôleurs généraux : l'un et l'autre avaient réduit le déficit; Clugny l'avait laissé s'augmenter de nouveau. Outre le soin de le combler, Nec-

État des finances. Emprunts de Necker.

ker avait à préparer les fonds d'une guerre
qui, par son objet et par sa durée présumée,
devait être extrêmement dispendieuse ; mais
il était dangereux de divulguer des desseins
dont on pouvait s'étonner que l'Angleterre
n'eût pas encore pris plus d'ombrage. Quels
motifs alléguer pour une augmentation d'impôts ? Comment prévenir ou étouffer l'opposition du parlement ou celle des pays
d'États ? Chacun des membres du gouvernement tremblait à la proposition d'un lit de
justice. Le comte de Maurepas, qui avait re-
nouvelé ce sujet d'alarme et d'humiliation
pour l'autorité royale, ne voulait aucune
mesure qui compromît le repos et troublât
les jeux de sa vieillesse. Necker était arrêté
par les craintes de ce ministre, et peut-être
par les siennes propres : s'il parlait d'impôts, le parlement dirait bientôt, dans des
remontrances amères, qu'un étranger avait
été appelé pour exercer sans ménagement
une tyrannie fiscale ; le clergé attaquerait en
lui un protestant ; la reine et les princes
viendraient avertir le roi de ces murmures :
celui-ci, ébranlé dès le premier choc, re-
noncerait aux impôts, à la guerre, et plus
promptement encore à son ministre.

Necker fut effrayé de cette position, mais

il voulut paraître calme et confiant. Il parla
tant des ressources de l'économie, qu'on
n'attendit point, pour croire à leur prompte
efficacité, de voir la réforme introduite dans
le château de Versailles. On se persuada que,
grâce à la multiplicité des petits règlemens,
et à la suppression de quelques offices de la
maison du roi, le luxe de la cour était devenu moins dispendieux. Sans doute Necker
n'aurait pas voulu se borner sur ce point à
une vaine et trompeuse apparence; mais il
attendait que le temps et la nécessité lui
donnassent assez de force pour triompher à
la fois de l'apathie du comte de Maurepas,
de la faiblesse du roi, et des caprices d'une
cour qui était séduite à chaque instant par
l'image d'une fausse grandeur, et même
d'une fausse élégance. Mais le temps ne rendait point de ressort à l'âme du vieux courtisan, et affaiblissait encore les résolutions
trop peu énergiques de Louis. La cour,
adroite dans ses insinuations, perfide dans
ses flatteries, tâchait de persuader à Necker
lui-même, qu'avec une habileté comme la
sienne, on n'avait pas besoin d'une économie trop sévère. Ainsi Necker, repoussé
lorsqu'il voulait limiter les dépenses *, n'eut

---

* Voici comment M. Necker, dans un ouvrage pu-

plus de ressources que d'améliorer les recettes en diminuant les frais de perception. Ce
qu'il fit à cet égard est digne d'éloges; mais
l'événement prouva qu'il en avait présenté
les résultats avec exagération.

blié en 1791, après son troisième ministère, rend
compte des difficultés qu'il éprouvait dans le premier :

« Que l'on rapproche maintenant de cette force immense les moyens et les tentatives d'un ministre des
finances qui, perdu, pour ainsi dire, au milieu d'une
cour depuis long-temps étrangère aux idées d'ordre et
d'économie, s'efforce de combattre ces mêmes idées, et
se voit dans la nécessité de combattre seul contre tous.
On ne saura jamais toute la constance dont j'ai eu besoin. Je me rappelle encore cet obscur et long escalier
de M. de Maurepas, que je montais avec crainte et mé-
lancolie, incertain du succès auprès de lui d'une idée
nouvelle dont j'étais occupé, et qui tendait le plus souvent à obtenir un accroissement de revenus par quelque
opération juste, mais sévère. Je me rappelle encore ce
cabinet en entresol, placé sous les toits de Versailles,
mais au-dessus des appartemens du roi, et qui, par sa pe-
titesse et sa situation, semblait véritablement un extrait et
un superflu de toutes les vanités et de toutes les ambitions.
C'était là qu'il fallait entretenir de réforme et d'économie un ministre vieilli dans le faste et dans les usages de
la cour. Je me souviens de tous les ménagemens dont
j'avais besoin pour réussir, et comment, plusieurs fois
repoussé, j'obtenais à la fin quelques complaisances
pour la chose publique; et je les obtenais, je le voyais

Ce fut sur la foi d'économies si imparfaitement exécutées, qu'on ouvrit des emprunts proportionnés à la grande entreprise de rendre à la marine française la puissance et la gloire qu'elle avait perdues depuis le funeste combat de la Hogue. Necker disait, pour se déguiser à lui-même le danger des ressources hardies et presque désespérées : « Des victoires, ou même une suite de com-
» bats d'un succès balancé, amèneront une
» paix glorieuse; celle-ci ouvrira un plus
» vaste commerce : les bénéfices du com-
» merce deviennent facilement ceux du tré-
» sor royal; l'accroissement progressif du
» revenu des douanes, et de plusieurs autres
» taxes, dispense de recourir à des impo-
» sitions nouvelles. Que la guerre soit heu-
» reuse, et mon système de finances est
» justifié. »

Les emprunts furent remplis avec une fa-

bien, à titre de récompense des ressources que je trouvais au milieu de la guerre. Je me souviens encore de l'espèce de pudeur dont je me sentais embarrassé, lorsque je mêlais à mes discours et me hasardais à lui présenter quelques-unes des grandes idées morales dont mon cœur était animé. Je semblais alors aussi gothique au vieux courtisan, que Sully le parut aux jeunes le jour qu'on le revit à la cour de Louis XIII. »

cilité qui devait paraître un phénomène
six ans après une violation ouverte de la foi
publique. A l'imitation d'un moyen employé en Angleterre ; pour attester la puissance du crédit, cinq ou six maisons de
banque prenaient d'abord toutes les actions
d'un nouvel emprunt, et, les faisant désirer
avec art à la masse des capitalistes, ne
les cédaient qu'avec un bénéfice assez considérable. Des philosophes, et même des
hommes d'État, s'affligeaient des expédiens
qu'une nécessité cruelle avait suggérés à
Necker pour éveiller la cupidité des prê-
teurs ; une grande partie de ces emprunts
se constituait en rentes viagères. Outre que
ce mode paraissait le plus onéreux pour
l'État, on le trouvait bien opposé à la doctrine d'un administrateur qui faisait profession d'établir une alliance étroite entre les
finances et la morale. « C'est une guerre in-
» testine qu'on porte dans les familles, di-
» saient ces observateurs ; ou plutôt ce sont
» les arides spéculations de l'égoïsme qu'on
» substitue à la touchante prévoyance des
» pères, des frères, des amis et de tous
» les cœurs reconnaissans. Paris est la ville
» qui fournit le plus à ces emprunts. Veut-
» on y décupler le nombre des parens sans

» tendresse , inviter aux fausses douceurs
» d'un repos prématuré, celui qui n'est
» arrivé qu'au milieu de sa carrière, et
» présenter à la jeunesse l'attrait d'une per-
» nicieuse oisiveté ? On demande aujour-
» d'hui du patriotisme. Où sera la puissance
» de ce sentiment parmi tant d'êtres froids
» et tristement calculateurs? Celui qui sa-
» crifie sa famille à la perspective de dou-
» bler son aisance, saura-t-il un jour se sa-
» crifier à la patrie ? »

Ces raisonnemens étaient de nature à exciter la sollicitude des magistrats partisans
de la rigidité antique. Le parlement de Paris
enregistra les emprunts de Necker, mais non
sans quelque résistance. L'esprit d'opposition n'était point permanent dans ce corps,
où de graves habitudes, de grands biens et
les souvenirs d'une longue disgrâce, maintenaient ou rappelaient facilement l'amour de
l'ordre. La résistance n'y prenait un caractère alarmant que lorsqu'elle était animée
par un prince, un ministre, ou par un parti
puissant à la cour. Les ministres de Louis XVI
n'avaient point cet esprit tracassier qui devient bientôt factieux. Les princes étaient dé-
tournés des intrigues politiques par la multiplicité des fêtes et l'ivresse des plaisirs. Le

prince de Conti, qui s'était fait une réputation de civisme par la fidélité qu'il avait
gardée au parlement, était mort peu de mois
après avoir obtenu le triste avantage de contribuer à la disgrâce de Turgot et de Malesherbes.

Cependant de jeunes magistrats étudiaient
ardemment, mais avec précipitation, des
points difficiles de droit public et d'administration, afin de surveiller et même d'em-
barrasser le ministère ; les uns ne songeaient
qu'à étendre les prérogatives des parlemens ;
d'autres aspiraient à faire reconquérir à la
nation des droits ou perdus, ou interrom-
pus depuis plusieurs siècles : aucun d'eux
ne s'annonçait avec plus d'éclat que Duval
d'Eprémesnil. La fougue et l'audace qu'il
portait dans la discussion, inquiétaient ceux
même des conseillers qui avaient montré le
plus de vigueur dans la lutte hardie contre
l'autorité royale. Il avait rencontré Necker dans les assemblées de la compagnie
des Indes, et s'était déclaré son adversaire.
Quelle brillante occasion pour lui d'avoir
à combattre le même rival, lorsque celui-
ci parlait au nom du roi, et que lui, du sein
d'un corps si respecté, paraissait parler au
nom de la nation ! Le vice d'un système de

finances qui exagérait les effets du crédit
public, sans le fonder sur une base solide,
fut bientôt dévoilé aux yeux de d'Eprémesnil. Il s'attacha constamment à montrer que
Necker imitait, sans les entendre, les ressources des ministres anglais ; en même
temps il enseignait à ses jeunes collègues
à traiter les affaires d'État, dans le parlement de Paris, avec les mêmes développe-
pemens, et surtout avec la même passion
qu'on les traite au parlement d'Angleterre.
Souvent on faisait un bizarre amalgame des
constitutions si différentes de deux peuples
rivaux. Les vieux jurisconsultes étaient entraînés à parler des droits de la nation,
eux qui n'avaient parlé, dans leur jeunesse,
que des libertés de l'église gallicane. La
proposition d'un appel aux états généraux
fut faite par d'Eprémesnil, dès la proposition du premier emprunt ouvert par le directeur du trésor royal. C'était une grande
innovation que de rappeler l'existence et
de provoquer, même indirectement, le retour de ces assemblées dont la longue interruption, ou plutôt l'abolition tacite, donnait encore plus de force aux parlemens
que de sécurité au roi. Mais une proposition
qui, douze ans après, devait tout boulever-

ser, ne parut alors que ridicule. Le parlement, après avoir enregistré les emprunts de Necker, adressa au roi des représentations secrètes, dans lesquelles il l'invitait à se défier des plans d'un étranger moins occupé de lui assurer des ressources permanentes que de séduire la nation. Le comte de Maurepas était attaqué dans ces mêmes représentations : une vive censure de ses conseils frivoles lui apprenait combien il faut peu compter sur la reconnaissance d'un corps ambitieux. A mesure qu'on vit la guerre approcher et réaliser quelques - unes des espérances qu'on en avait conçues, le parlement se modéra dans son opposition. Depuis le commencement du siècle la monarchie française avait avec le gouvernement mixte de l'Angleterre cette analogie, que l'autorité du roi y était plus compromise pendant la paix que pendant la guerre.

Tableau général des causes de la guerre d'Amérique.

Quelle était la situation politique et intérieure de l'Angleterre dans le moment où elle excitait à la fois parmi nous un imprudent esprit d'imitation et un salutaire esprit de rivalité ? En traçant ce tableau, j'entre dans une suite de faits compliqués. C'est ici, surtout, que nous allons voir l'opinion commander aux événemens, et les événemens réagir sur elle. L'histoire de France devient non-seulement l'histoire de l'Europe, mais celle du monde entier. Londres, Paris et l'Amérique septentrionale s'offrent particulièrement comme trois théâtres où se développe une même action. Les deux hémisphères sont liés par une chaîne invisible; mais, dans le mouvement commun qui les agite, l'un se trouve conduit à une glorieuse indépendance, et l'autre à un épouvantable bouleversement.

Georges III, quoique fidèle, en apparence, à l'usage de former et de renouveler le ministère suivant le vœu présumé de la nation, c'est-à-dire, d'après les fluctuations de la majorité dans les deux chambres, donnait toute sa confiance au lord Bute, qui était le chef secret de ses conseils. Celui-ci, plus opiniâtre que courageux, prenait beaucoup de moyens obliques pour étendre une prérogative que la révolution de 1688 avait contenue dans de sévères limites. Son but était surtout d'établir avec force le pouvoir du roi dans les colonies, dont un système sage et des guerres heureuses avaient augmenté le nombre, l'étendue et les richesses. Il avait supposé que le parlement d'Angleterre, rendu, par les progrès de la corruption, plus

Situation politique de l'Angleterre. Plan de lord Bute sur les colonies anglaises.

docile aux vœux de la couronne, verrait sans
ombrage des entreprises qui ne menaçaient
d'aucun danger apparent la liberté domesti-
que des Anglais. La compagnie des Indes
orientales, bizarre espèce de république où
des capitalistes associés agissaient comme
des législateurs, et surtout comme des conquérans, rendait presque indépendantes du
pouvoir du roi les vastes possessions du
Bengale, des côtes du Malabar et du Coromandel, et de tout le territoire que la perfidie ou la violence avaient détaché de l'empire du Mogol. Mais cette compagnie, livrée
à des discordes continuelles, et trompée
souvent dans les calculs de son avarice, paraissait devoir être bientôt forcée de prendre le roi pour médiateur, et par conséquent
de l'accepter pour maître. Le Canada, dont
les habitans étaient accoutumés au régime
monarchique, recevait avec respect les ordres du roi de la Grande-Bretagne ; les Iles-
du-Vent et les Antilles montraient la même
soumission : c'étaient les anciennes colonies
de l'Amérique septentrionale qu'il s'agissait
de soumettre à des lois bien différentes
de celles qui régissaient l'Angleterre et
l'Écosse. Le roi se servait du parlement pour
consacrer des mesures arbitraires dont seul

il eût surveillé, modifié ou étendu l'exécution. Mais ses vues secrètes, ou plutôt celles de son conseiller, n'échappaient ni aux démocrates dont Wilkes animait les bravades séditieuses, ni à de puissantes familles qui, depuis l'expulsion de Jacques II, se maintenaient dans l'autorité à l'aide d'une ligue aristocratique dans le fond, et populaire dans la forme. Le combat entre les deux partis, des Whigs et des Torys, était aussi animé que dans les dernières années de la reine Anne. Les premiers, en prêtant leur appui aux colons américains, prétendaient défendre la liberté anglaise; les seconds saisissaient avec ardeur l'occasion de condamner des principes fortement imbus de républicanisme, et que les Américains appuyaient par des actes de rébellion. Jamais des discussions plus brillantes n'avaient eu lieu au parlement d'Angleterre; mais l'éloquence du parti de l'opposition échouait presque toujours devant la vénalité flegmatique du parti ministériel.

Un homme habile dans les intrigues parlementaires et dans les opérations de finance, le lord North, avait été mis par le lord Bute à la tête du ministère, et lui promettait de vaincre la résistance des colonies. Ce mi-

Lord North. Bill du thé pour les colonies. Ses suites.

nistre, d'un caractère irrésolu, affectait la
fermeté : il proposait des partis violens, et
les exécutait avec mollesse ; il excitait la
haine sans inspirer la crainte. Le cabinet
britannique perdit sous lui le caractère d'audace et de vigilance que le duc de Newcastle,
et surtout Pitt, avaient imprimé à leur administration triomphante. La querelle des
colonies parut absorber toute son attention ;
il lui tardait de montrer le roi Georges vainqueur de ses sujets d'Amérique, afin de rendre
l'autorité royale plus imposante aux yeux des
Anglais. Cependant, occupé à recruter une
petite armée, ou plutôt à marchander des
soldats auprès du landgrave de Hesse et du
duc de Brunswick, il laissait aux Américains
le temps d'organiser une armée nationale.
L'impôt sur le thé était devenu leur grief, depuis qu'ils avaient su s'affranchir de l'impôt
du timbre. La résolution qu'ils avaient prise
de renoncer à l'usage du thé, paraissait faite
pour éteindre ou pour suspendre cette querelle. Les ministres anglais affectèrent de
croire qu'une telle résolution n'était point
unanime, et serait peu durable. Ils firent
expédier, sur la fin de l'année 1773, plusieurs navires chargés de thé pour le port
de Boston : c'était de toutes les villes améri-

caines celle qui se montrait le plus animée
à secouer le joug de la métropole. Le peuple
vit dans cet envoi déplacé une insulte faite
à ses délibérations patriotiques, et le projet
formé par le commerce anglais de ne fournir
aux colonies que les objets dont il serait embarrassé.

Les deux mondes retentissaient alors d'un
événement fait pour exciter contre les Anglais la plus juste indignation. Des agens de
la compagnie des Indes orientales, et le lord
Clive lui-même, gouverneur dont les talens
et surtout les perfidies, avaient fondé un
empire nouveau sur les rives du Gange, s'é-
taient livrés aux spéculations d'un infâme et
odieux monopole. Après s'être emparés de
tout le commerce du tabac et du bétel, ils
avaient exercé leur tyrannique avarice sur
les terres des malheureux Indiens. L'art funeste avec lequel ils avaient rompu des baux,
exigé des redevances, et levé des impositions, avait fait passer entre leurs mains presque tout le riz, subsistance principale et nécessaire de ces contrées, où la religion défend de se nourrir de la chair des animaux.
La famine la plus désastreuse dont les annales des temps modernes fassent foi, avait
été bientôt le résultat de la cupidité de ces

*Famine de
l'Inde.
1768 et
1769.*

V.   4

lâches conquérans. La patience de leurs victimes fit encore plus ressortir leur froide férocité. Point de soulèvement, point de murmures de la part de ce peuple affamé : les
Indiens semblaient heureux d'échapper par
la mort au joug le plus dur qu'une longue
succession de maîtres divers leur eût encore
fait subir. Languissans, inanimés, ils res-
pectaient l'animal qui cherchait à côté d'eux
la pâture. Ce crime coûta la vie à plusieurs
millions d'Indiens. Ainsi, le dix-huitième
siècle, qui semblait être voué à la philanthropie, vit se renouveler ces grands attentats sur les peuples, que l'histoire, l'éloquence et la poésie ne cessaient de reprocher
aux Espagnols du seizième siècle.

Le parlement d'Angleterre montra d'a-
bord l'intention de punir les auteurs de cette
calamité ; mais les orateurs les plus véhé-
mens s'accordèrent bientôt à voiler des détails qui eussent excité l'horreur des nations.
L'opulence fondée sur le crime acheta son
pardon, et des débats insignifians n'annoncèrent que trop l'impunité des attentats dont
les Indes pourraient encore être le théâtre.
Le lord Clive fut accusé au parlement d'Angleterre, non pour la famine de l'Inde, quoiqu'il eût indirectement attiré ce fléau par

différentes espèces de monopole, mais pour
une épouvantable série de crimes commis
sur des princes indiens. Il fut acquitté , et
même en des termes honorables; mais ni ce
témoignage du parlement , ni la jouissance
de la plus grande fortune qu'il y eût en Europe, n'imposèrent silence à ses remords :
après avoir passé quelques années dans un
état alternatif de convulsions et d'abatte-
ment, il se délivra d'une vie que ses crimes
lui avaient rendue insupportable.

Sans doute les colons américains ne pouvaient craindre que la métropole irritée lan-
çât sur eux un si terrible fléau. Ce peuple
agriculteur s'enrichissait déjà par une exportation de grains ; mais sa défiance s'était
accrue dans une querelle ouverte depuis dix
ans : il voyait le germe de tous les genres
de tyrannie dans le système colonial de l'Angleterre. Dès qu'une fois le mot de monopole a retenti parmi le peuple , il n'y a plus
de terme à ses alarmes , plus de frein à son
indignation. Enfin , c'était surtout à Boston
et à Philadelphie que le cri des Indiens
opprimés avait retenti long-temps. A la nouvelle que des navires chargés de thé mouil-
lent dans le port , et que d'autres sont encore attendus , plusieurs habitans de Boston

s'assemblent, et jurent de ne point souffrir qu'on débarque cette denrée soumise à
un impôt arbitraire. Une vingtaine d'entre
eux se déguisent en sauvages, donnent à la
fureur qui les transporte l'apparence d'un
jeu, se font suivre par le peuple, entrent
dans les navires, et jettent dans la mer plus
de trois cents balles de thé. Voilà l'événement qui décida une guerre à laquelle les
plus puissantes nations de l'Europe devaient
bientôt concourir.

Insurrection
de Boston et
de la province
de Massachus-
set.
1769.

Un fait d'armes éclatant n'eût pas excité
plus d'enthousiasme parmi les colonies an-
glo-américaines, que cet affront fait au système fiscal du ministère britannique. C'était
sous les yeux d'une garnison anglaise que les
Bostoniens avaient porté ce défi à la métropole. Tout faisait craindre qu'ils n'expiassent
leur zèle par la ruine de leur commerce. La
province de Massachusset, dont Boston est
la ville principale, se déclare en *insurrection* contre les actes du gouvernement anglais. Le mot d'*insurrection* parcourt toute
l'Amérique septentrionale ; il se forme dans
chaque province des assemblées dont l'autorité se substitue à celle des délégués du roi
de la Grande-Bretagne. Le plan d'une confédération est tracé. Une grande portion du

continent américain va reproduire une ligue semblable à celle qui fit compter à la Grèce une nouvelle ère de liberté, malgré les efforts des tyrans de Macédoine et de tous les rois élevés sur les conquêtes d'Alexandre ; plus semblable encore à celle qui consolida la liberté de la Suisse et de la Hollande. Trois millions d'hommes, qui formaient alors la population de ces colonies, se divisaient en plusieurs nations, dont les intérêts, les travaux et les cultes étaient difficiles à concilier ; il fallait mettre à la fois de la vigueur et de la flexibilité dans le faisceau qu'on voulait former de ces États divers. Dix ans passés dans une controverse politique avaient beaucoup accru parmi les Américains le penchant à s'occuper des premiers principes de législation. Les écrits des publicistes qui se sont fait l'image la plus élevée de la liberté, tels que ceux de Sydney et de Locke, étaient depuis long-temps pour eux des livres sacrés. La Caroline vénérait ce dernier comme son législateur *. Ce qui, pour la plupart des peuples européens, devait être consi-

* Le plan de constitution que Locke avait rédigé pour la Caroline fut modifié au bout de quelques années, parce que plusieurs articles avaient été jugés inexécutables ; mais l'esprit de cette constitution subsistait.

déré comme des hypothèses hardies ou chi-
mériques, faisait la base de leurs institutions
municipales. Les ouvrages des philosophes
français étaient bien plus adaptés à leur position qu'à celle des peuples de l'Europe. Le
titre de républicains n'était plus qu'un mot
à ajouter à leurs mœurs déjà républicaines.
Pour en connaître tout l'orgueil, il fallait
cesser d'être tributaire. Les publicistes américains dirigeaient leur patrie vers l'indépendance, mais sans déclarer encore l'étendue de leur projet, parce que le sentiment
de fraternité avec les Anglais n'était pas
éteint dans tous les cœurs. Plusieurs colons,
surtout dans les contrées méridionales, s'ef-
frayaient des maux de l'espèce de guerre civile dont le signal était donné. De riches
planteurs, environnés de Nègres, ne pouvaient se passionner pour la liberté ni pour
l'égalité, comme les familles frugales et la-
borieuses qui bâtissaient des fermes sur les
rives de l'Ohio. Les militaires ne renonçaient
pas à tout espoir de retour et d'avancement
dans la mère-patrie. Mais vingt ou trente
hommes, pour la plupart voués à l'étude des
lois ou aux méditations de la philosophie,
avaient résolu de ne pas laisser échapper une
occasion d'appliquer des principes dont ils

espéraient la gloire et la prospérité de leur
patrie ; ils brûlaient d'attirer sur leurs travaux l'attention de l'univers. Leurs vœux
furent comblés quand ils eurent provoqué un
congrès de députés des diverses colonies.

Le congrès, composé de cinquante-un
membres, se rassembla le 17 septembre
1774, à Philadelphie. On n'y vit point régner cette impétuosité qui agite le peuple,
et entraîne ses chefs à l'approche des crises
politiques. Loin de dissimuler les dangers
attachés à une résolution courageuse, ces
députés affectaient de les envisager avec
calme. L'unanimité de leurs vœux augmentait le sentiment des ressources de la patrie.
Leur ton était modéré, et leurs principes
absolus. L'un des premiers actes du congrès
fût de rédiger une déclaration des droits.
En revendiquant les leurs, les Américains
semblaient rappeler à toutes les nations
ceux qu'elles avaient perdus. Les révolutions
des républiques d'Italie, de Suisse, de
Hollande, et celles même de l'Angleterre,
avaient toutes été concentrées dans le pays
même auquel elles avaient donné ou promis la liberté. La révolution américaine
prit, par l'effet des différens manifestes qui
l'appuyèrent, et surtout de la déclaration

Congrès
américain.
Déclaration
des droits.
1774

des droits, un caractère d'abstraction , de
généralité et d'audace philosophique, qui
devait en étendre au loin les principes. Les
écrivains français crurent reconnaître dans
cet acte, qui fut depuis développé et rendu
plus philosophique encore dans les constitutions particulières de plusieurs des États-
Unis, une application exacte et un résumé
judicieux de leur théorie *. On réalisait
quelques-uns de leurs vœux au-delà de l'o-
céan Atlantique ; ils se confirmèrent dans
l'opinion que, les principes d'une législation
universelle étant une fois bien posés', devaient changer les destinées du globe.

Comme cette déclaration de droits pou-

* La déclaration des droits, qui forme le préambule
de la constitution de la province de Massachusset , est le
type de celles qui furent adoptées dans les autres provinces ; elle est encore plus (et l'on ne peut trop s'en
étonner) le type de celle qui fut adoptée en France pour
une constitution où l'on avait cru conserver le principe
monarchique. Les provinces méridionales des États-Unis,
dans lesquelles l'esclavage des Nègres subsiste encore aujourd'hui, n'hésitaient pas à reconnaître le principe absolu, que tous les hommes étaient nés libres et indépendans. Les maximes générales dont le peuple, parmi
nous, devait faire d'extravagantes applications , n'excitèrent ni enthousiasme, ni même attention, parmi les
dernières classes du peuple en Amérique.

vait paraître aux ministres anglais un signal de guerre, et leur servait au moins de
prétexte pour dire que toute composition
avec les colonies devenait impossible, les
membres du congrès exprimèrent des sentimens pacifiques dans des proclamations et
des adresses dont le but était d'augmenter le
nombre de leurs partisans en Angleterre.
L'art avec lequel ces pièces étaient compo-
sées produisait bien plus d'effet que les
vulgaires artifices des manisfestes diplomatiques : c'était le langage d'hommes sancti-
fiés en quelque sorte par une habitude constante de la morale, religieux et tolérans,
nourris des connaissances qui supposent une
société perfectionnée, exempts des petites
fraudes qui semblent être le partage d'une
société corrompue. Ces adresses étaient ré-
digées par Thomas Jefferson, et par John
Adams : l'une exprimait un reste d'affection
pour le roi de la Grande-Bretagne ; l'autre
une affection non filiale, mais fraternelle
pour le peuple anglais. Une troisième ré-
veillait dans le cœur des Irlandais la haine
pour des lois oppressives qui les traitaient
comme un peuple conquis. La dernière appelait la colonie du Canada à faire cause
commune avec d'anciennes colonies qui lui

enseignaient le prix de la liberté. Des mesures actives étaient jointes à tous ces manifestes : le congrès promettait secours et délivrance à la province de Massachusset. Le
cabinet britannique , par une prudence pusillanime , avait affecté de reporter sur
cette province toute la vengeance de la
rébellion. Boston , occupée par des troupes
anglaises , avait vu son commerce interdit
par un bill du parlement : rien ne pouvait
ni entrer ni sortir du port auparavant le plus
fréquenté de l'Amérique septentrionale. Le
congrès usa de représailles envers l'Angleterre , et défendit de recevoir , dans aucun
port , les marchandises qu'elle voudrait y
porter. Une prise d'armes générale était
ordonnée ; les milices s'organisaient avec
activité. Cette vigueur , mêlée de circonspection, obtint le suffrage du plus grand
homme d'État qu'eût alors l'ancien monde.
Voici en quels termes lord Chatam s'exprimait à ce sujet dans la chambre des pairs :

Discours de
lord Chatam.
1775.

« L'histoire, milords, a toujours été mon
» étude favorite. Fier d'être Anglais , j'ai
» mis mon plaisir et mes soins à me nour-
» rir de tous les grands exemples du pa-
» triotisme de la Grèce et de Rome. Eh
» bien, je déclare que , dans ces deux terres

» classiques de la liberté, je ne vois ni peu-
» ple ni sénat dont la conduite me paraisse
» plus noble et plus ferme que celle du con-
» grès de Philadelphie. En méditant les actes
» et les discours de ces sages députés, je
» me dis : Les bravades et les manœuvres
» de nos ministres sont aussi impuissantes
» pour dégrader de pareils caractères , que
» les forces de notre île , secondées par
» plusieurs milliers d'esclaves armés de la
» Hesse , le sont pour subjuguer un pays
» où, sur un espace immense, respirent la
» passion de la liberté et toutes les vertus
» qui la fondent. Aveugles ministres ! ne
» voyez - vous pas que l'Amérique a ses
» Hampden et ses Sydney ? Cet esprit d'op-
» position qui l'anime aujourd'hui , c'est le
» même qui enflammait nos ancêtres lors-
» qu'ils résistaient à des taxes arbitraires, et
» lorsque, dans un âge reculé, ils gravaient
» la maxime , qu'aucun sujet de la Grande-
» Bretagne ne peut être taxé que de son
» consentement. Félicitons-nous de ce que le
» cri des Whigs, de ces gardiens fidèles des
» principes de notre constitution, retentit
» au-delà de l'Atlantique ! C'est à nous ,
» Whigs fidèles , à reconnaître plus que ja-
» mais les Anglo-Américains pour nos frè-

» res. Ils ont nos sentimens ; ils parlent no-
» tre langage ; leur chaleur patriotique s'est
» allumée à la nôtre : la nôtre, peut-être,
» avait besoin d'être réveillée par leur éner-
» gie. C'est à nous à presser, par des repré-
» sentations assidues, leur réconciliation
» avec la mère-patrie. Pas un moment n'est
» à perdre pour l'opérer : elle peut encore
» faire la terreur de la France et de l'Espa-
» gne, et prévenir des liens sacriléges ; elle
» n'offensera point notre gloire. Notre ar-
» mée n'a pas encore éprouvé de défaites
» en Amérique..... Je vois qu'on s'étonne à
» ce mot. Nos ministres affectent de ne rien
» craindre des milices inexpérimentées ; et
» moi, je crains beaucoup les milices d'hom-
» mes libres. Mais quels sont les moyens
» de cette réconciliation ? Est-ce de révo-
» quer tel acte d'abord, et tel autre ensuite ?
» Non ; révoquez à la fois tout ce qui hu-
» milie, tout ce qui aigrit vos frères, et sur-
» tout commencez par éloigner de Boston
» une armée qui ne semble là que pour
» attendre un affront. »

Premier com-
bat des insur-
gens à Lexing-
ton
19 avril
1775.
Le pressentiment de lord Chatam ne
tarda pas à se vérifier. Les habitans de la
province de Massachusset s'armaient en foule
pour délivrer les Bostoniens. Le général an-

glais Gage, après avoir épuisé les moyens
de persuasion, résolut de dissiper par la
force leurs rassemblemens. Quelques compagnies sortirent de Boston pour parcourir
la campagne, et se dirigèrent sur Lexington ; elles rencontrèrent au-delà de cette
ville un corps de milice provinciale. Le
commandant de la troupe anglaise s'avança
en criant : *Dispersez-vous, rebelles !* Les
Américains restent immobiles ; le combat
s'engage : les provinciaux plient, mais ils
se montrent disposés à défendre un pont
qu'ils avaient fortifié à la hâte. On les poursuit, on les attaque vivement ; le pont est
emporté. Les soldats anglais, croyant n'a-
voir plus rien à craindre d'ennemis qui ont
montré plutôt l'intention que les moyens
de se défendre, vont çà et là détruire des
magasins de vivres. Tandis qu'ils les pillent
ou les brûlent, les provinciaux, qui ont
reçu des renforts nombreux, se placent en
embuscades sur plusieurs points, tirent sur
les Anglais qui marchent au hasard, fondent
sur eux quand ils cherchent à se rallier, les
poussent en désordre jusque sur Lexington ;
rien n'eût préservé cette avant-garde d'une
destruction entière, si le général Gage n'eût
envoyé un détachement pour protéger sa

retraite. Mais la ville de Lexington est bientôt cernée par le nombreux concours des milices américaines ; les Anglais se retirent et rentrent dans Boston pour y être as-siégés.

Autre combat
sous les murs
de Boston.
17 juin
1775.
Les renforts arrivaient de toutes parts à la province de Massachusset, et prévenaient souvent les ordres du congrès. Vingt-cinq ou trente mille hommes armés au hasard, mal pourvus d'artillerie, n'ayant point encore de chefs, et n'offrant qu'une image très-imparfaite d'organisation militaire, cam-paient sous les murs de Boston, sans que les Anglais, maîtres de la mer, fissent au-cun effort pour se dégager d'une position aussi honteuse qu'incommode. Enfin, l'ar-rivée d'un convoi qui portait l'armée an-glaise à dix ou douze mille hommes, et la présence des généraux Howe, Clinton et Burgoyne, officiers dont on vantait les talens militaires, permirent aux assiégés de tenter une attaque sur les retranchemens de leurs ennemis. Les Anglo-Américains ne voulurent point se retirer sans combattre.

Ils avaient élevé une redoute sur une hau-teur nommée Breedshill, d'où ils pouvaient jeter des bombes dans la ville. Le 17 juin 1775, un corps de l'armée anglaise vient attaquer de front ce poste redoutable, tandis qu'un autre, par un mouvement assez compliqué, cherche à couper la retraite aux Américains. Il s'agissait, pour y parvenir, de s'emparer de la petite presqu'île de Charles-Town, séparée par un court trajet de mer de la langue de terre qui domine Boston. Les forces anglaises ainsi divisées ne furent point assez imposantes pour frapper de terreur les Américains. L'attaque de front fut faible et infructueuse ; le succès de l'autre fut chèrement acheté. En débarquant dans la presqu'île, sous la protection de leur flotte, les Anglais commencèrent par mettre le feu à Charles-Town, qui, vu sa proximité de Boston, en est considérée comme le faubourg. Les habitans viennent se réfugier jusque sous les retranchemens de Breedshill ; et, par l'indignation qu'ils excitent dans l'âme des soldats, ils doublent leur courage. Les Anglais s'approchent de la redoute, et s'apprêtent à la tourner : les Américains font de toutes parts le feu le plus vif ; la lueur de l'incendie de Charles-Town leur servait à ajuster leurs coups : ils visaient si juste, que tous les officiers anglais furent blessés ou tués, à l'exception du général Howe qui dirigeait l'attaque. Un renfort amené par Clinton vint

rétablir le combat : les Américains avaient
épuisé leurs munitions ; leur retraite fut
conduite avec un ordre qu'on ne pouvait attendre de soldats nouveaux. Ils s'éloignèrent
si peu , que le blocus de Boston ne pouvait
être regardé comme levé. La conquête de la
presqu'île de Charles-Town avait coûté aux
Anglais plus de onze cents hommes tués ou
blessés. Au bout de quelques jours , ils jugèrent prudent de l'abandonner, et rentrèrent une seconde fois dans Boston.

Ce combat, moins heureux pour les Américains que celui de Lexington, paraissait
cependant être un présage plus décisif pour
le succès de la guerre. Ils avaient soutenu
avec courage l'effort des troupes d'élite de
l'Angleterre , commandées par des généraux
habiles , et dont les opérations avaient été
appuyées par l'artillerie de la flotte. Le congrès rendit des honneurs à la mémoire des
guerriers qui avaient payé de leur sang une
journée glorieuse : le nom du docteur Waren
fut inscrit le premier sur la liste des généreux
martyrs de la liberté américaine : il l'avait
déjà défendue par des discours empreints d'un
profond patriotisme, et le premier il avait
quitté des travaux paisibles pour courir aux
armes ; personne n'avait plus contribué que

lui à la belle défense de la redoute de Breedshill. Sa mort héroïque répandit de l'éclat sur
des vertus qu'il avait pratiquées sans orgueil.
Le général américain Putnam avait commandé en chef pendant cette action; il avait
droit à des éloges, il en obtint, et prouva
la sincérité de son civisme en passant avec
joie sous les ordres de Washington, que le
congrès nomma généralissime. Ce poste avait
été brigué par le général Lee, homme ardent, ambitieux, militaire instruit, orateur
habile; né Anglais, il s'était voué à la défense des colonies dès qu'il avait eu l'espérance de les voir révoltées. Il n'avait à proposer que des partis extrêmes : suivant lui,
on ne se prononçait pas assez tôt pour l'indépendance, on n'échauffait pas assez le peuple; on ne sévissait point avec assez de rigueur contre les royalistes. Si le général Lee
eût été donné pour chef à la révolution américaine, elle n'aurait peut-être produit que
l'anarchie. On choisit Washington, on eut
la liberté.

Cet officier avait couvert, par une suite
d'actions d'éclat et par des traits non moins
nombreux de modération et de fermeté, le
malheur qu'il eut d'assister à cette scène
cruelle où Jumonville fut tué, et qui décida

V. 5

la guerre de sept ans. Il avait été le libérateur de l'armée anglaise, après le désastre du
général Braddock. Depuis la paix il s'était
voué à des travaux agricoles, mais sans perdre de vue les intérêts de sa patrie, et sans
renoncer à ses études militaires. Doué d'une
figure pleine de noblesse et d'aménité, riche,
économe et bienfaisant, modeste sans être
timide, il suppléait au génie par la perfection d'un sens juste et d'un esprit prévoyant.
La gloire lui était moins nécessaire qu'une
bonne réputation. Il en était de ce caractère
accompli, comme de ces monumens où rè-
gnent des proportions harmonieuses, et qu'on
admire davantage après les avoir long-temps
contemplés.

En arrivant à l'armée qui bloquait Boston,
Washington fut effrayé de voir combien peu
elle offrait d'élémens d'un bon régime militaire. Chacune des provinces y avait envoyé
des corps plus ou moins nombreux, qui
n'avaient promis qu'un service limité, et
devaient, pour la plupart, se retirer dans
quelques mois. Le congrès n'avait pas pris
et ne sut jamais prendre une autorité centrale suffisante pour enchaîner également et
les provinces et les individus à la cause commune : c'était l'exemple, et ce n'était pas]

Washington
reprend sur les
Anglais la ville
de Boston.
Avril.
1776.

loi qui décidait tous les efforts patriotiques.
Que la chaleur des esprits vînt à se modérer
un moment, tout était rompu. Washington
corrigea quelques effets d'un mal dont il ne
pouvait détruire le principe. Les engagemens furent un peu prolongés, et l'on n'eut
plus à craindre que cette armée de vingt-huit
ou trente mille hommes se trouvât en un seul
jour diminuée de moitié ou des deux tiers.
Les Anglais se virent resserrer plus étroite-
ment dans Boston ; le ministère britannique
semblait les y avoir oubliés. Leurs provisions s'épuisaient ; mais de jour en jour elles
pouvaient être renouvelées. Washington n'a-
vait[1] point assez d'artillerie pour faire un
siége régulier ; d'un autre côté il ne pouvait,
en livrant un assaut, exposer au pillage, à
l'incendie, une ville américaine qui avait
donné le signal de la liberté. Le succès de ses
opérations fut assuré lorsqu'il réussit à chasser les Anglais des hauteurs du Dorchester.
Quelques bombes qu'il jeta sur la flotte anglaise, mouillée dans le port de Boston, cau-
sèrent les plus vives inquiétudes à l'amiral
Howe. Les Anglais, réduits à capituler, furent heureux que Washington leur promît
de ne point inquiéter leur embarquement.

Quelle joie pour les provinces, et sur-

Divers suc-
cès des Amé-
ricains.

tout pour celle de Massachusset, d'avoir arraché aux Anglais la ville qui avait le plus affronté leur colère, et qui en avait ressenti si long-temps les effets! Les Bostoniens, en racontant leurs souffrances, excitèrent une vive indignation contre ceux des habitans de la même ville qui s'étaient joints à leurs oppresseurs. Tel est l'effet des révolutions, lors même que, bornées à un seul objet, elles ne changent point le système entier des mœurs et des habitudes; tel est l'effet de ces crises redoutables, qu'on y commence toujours par imiter ou par surpasser les excès de l'autorité qu'on veut abattre. Dès le premier choc on rompt violemment le droit commun, avec l'espoir incertain d'y revenir un jour, et de le perfectionner. Les insurgens ne se contentèrent point de confisquer les biens de ceux qui avaient suivi les Anglais à leur départ de Boston; la même peine fut appliquée à des royalistes timides qui s'étaient à peine éloignés de la neutralité dans cette cause. Plusieurs furent déclarés, par jugement, traîtres à la patrie. Un an après, dans des villes qui avaient à craindre l'approche de l'ennemi, d'autres royalistes furent déclarés suspects, et enfermés comme tels. Les provinces pre-

naient l'initiative de ces mesures, et le congrès les confirmait souvent. Les royalistes,
quand les événemens devïnrent plus favorables à leur parti, usèrent de représailles.
Cependant les Anglo-Américains s'abstin-
rent, dans le cours de leur révolution, de
tout acte sanguinaire, et ne mêlèrent point
l'appareil des échafauds à celui des combats.

C'était dans les provinces méridionales
que les royalistes se montraient les plus nombreux et les plus redoutables ; ils s'armèrent
dans les deux Carolines, sur la foi d'une
puissante invasion que les Anglais avaient
promis de faire dans ces provinces. Les patriotes résolurent de les accabler avant qu'ils
pussent réaliser le projet d'ouvrir à leurs
auxiliaires les passages les plus difficiles de
cette contrée. Un seul choc termina ce mouvement. Les royalistes y furent vaincus, et
la plupart des chefs se rendirent à leurs
compatriotes, qui les reçurent comme des
prisonniers de guerre.

Un détachement de la flotte anglaise, sous
le commandement du lord Dunmor, avait
fait dans la Virginie une odieuse tentative ;
c'était celle de soulever les noirs contre ceux
des planteurs qui suivaient la cause de la

liberté. A peine l'agent de ce projet eut-il
formé des bandes de révoltés, qu'elles
furent en proie à tous les fléaux : la famine
et des maladies contagieuses en détruisaient
promptement la plus grande partie. Le reste,
en se sauvant sur les vaisseaux, y fut assailli
par la tempête. Charles-Town, capitale de
la Caroline méridionale, fut vivement attaquée par la flotte et l'armée anglaises. Le général Lee fit avec peu de troupes une défense
qui sauva cette ville, et qui excita le plus vif
enthousiasme parmi les Américains.

Le commerce anglais était troublé dans
les Antilles ; et jusque sur les côtes européennes, par de nombreux corsaires sortis
des ports de l'Amérique méridionale.

Un seul événement malheureux inter-
rompit cette glorieuse suite de succès qui
couronnait les premiers efforts de la liberté
américaine.

Expédition
du Canada.
1775.

Après avoir traversé, tantôt en vainqueurs
et tantôt en amis, une grande partie du Canada, les Anglo-Américains furent forcés de
lever le siège de Quebec, et d'abandonner
une colonie qui offrait aux Anglais les meilleurs points d'appui pour des attaques suc-
cessives. Trois mille hommes avaient tenté
cette expédition, et y avaient montré un

courage dont leur retraite même n'effaçait
point la gloire. Le colonel Arnold, qui devait, dans cette guerre, se montrer d'abord
sous l'aspect le plus honorable, et ensuite
sous l'aspect le plus ignominieux, avait commencé ce mouvement avec une noble témérité. Une attaque soudaine et habilement
concertée, qu'il avait faite avec une poignée
d'hommes sur les forts de Ticonderago et de
la Couronne, avait ouvert aux Américains
le chemin du Canada. Les Anglais n'y avaient
laissé qu'un petit nombre de troupes. Montgommery, qui jeune encore, s'était distingué dans la guerre de sept ans, fut chargé
par le congrès de pénétrer dans cette colonie, et de gagner les Canadiens à une cause
qui, de la situation d'un peuple conquis, les
ferait passer à celle d'un peuple libre. Ses
armes et son éloquence obtinrent d'abord
un égal succès. Plusieurs forteresses lui cé-
dèrent, et après un siége poussé vivement,
Montréal lui ouvrit ses portes. Il fut bientôt
sous les murs de Quebec. Carleton, officier
anglais très-estimé pour sa prudence et sa
bravoure, avait rassemblé dans cette ville
huit cents soldats mêlés à des milices françaises. Montgommery vit que tout délai com-
promettait son entreprise, et se hâta de

donner un assaut à la ville. Comme il s'élan-
çait sur une batterie anglaise, il fut frappé à
mort. Le bouillant Arnold fut blessé en voulant
lant le venger. Un autre capitaine, Morgan,
fut enveloppé avec tout un détachement,
après avoir combattu avec une rare intrépidité. Les assiégeans se retirèrent affaiblis et
découragés; mais Arnold ne leur permit pas
de lever le siége. Peut-être eût-il obtenu le
prix de sa courageuse persévérance, si les
dispositions des habitans du Canada n'eussent tout à coup changé. Les prêtres de la
colonie s'étaient déclarés pour les Anglais;
ils refusaient la confession et les sacremens
à qui n'embrassait point le même parti. Les
Canadiens renoncèrent, par un scrupule
religieux, à l'espoir de l'indépendance. Le
général américain, après de nouvelles tentatives, vit qu'il était temps de s'ouvrir un
chemin à travers un pays qui abandonnait sa
cause, et ramena en bon ordre sa petite
armée à Ticondérago. . . . .

Le congrès célébra cette entreprise comme
si elle eût eu d'heureuses conséquences. Toute
cette assemblée exprima des regrets pathé-
tiques sur la mort de Montgommery. La
mémoire de ce brave officier fut honorée
jusque dans le parlement d'Angleterre. Le

parti de l'opposition se faisait un devoir
d'exalter l'héroïsme, l'humanité et l'enthousiasme civique de celui que les ministres
traitaient de rebelle. « Que les ministres,
» dit Charles Fox, ne m'accusent pas de
» pleurer un ennemi ; je les accuse, moi,
» d'avoir fait pour nous un ennemi d'un
» guerrier doué de toutes les vertus, et
» d'avoir détaché de notre cause tant
» d'hommes qui avaient concouru et qui
» concourraient encore aux triomphes de
» la patrie. »

Un nouveau congrès s'était formé sous les
auspices les plus favorables. La présence de
Franklin avait doublé les forces de cette
assemblée. Il revenait d'Angleterre, où son
adroite et courageuse mission, comme représentant des colonies, avait suscité mille
embarras aux ministres, et souvent fait
avorter leurs projets. C'était de là qu'il avait
donné à ses compatriotes le signal de l'insurrection, en les prévenant de mesures dont
il avait surpris le secret, et en leur trans-
mettant des lettres ministérielles qu'il avait
osé intercepter. « Voilà le sort qu'on vous
» prépare, avait-il écrit ; *armez-vous.* » Lorsqu'il fut de retour parmi ses compatriotes,
les premiers mots qu'il leur dit furent ceux-ci :

Déclaration de l'indépendance des États-
Unis.
4 juillet
1776.

« Vous avez tiré le glaive ; vous l'avez fait
» avec succès : on vous craint, on va vous
» flatter. Si vous ne voulez être bientôt trai-
» tés en rebelles, déclarez-vous indépen-
» dans. Le roi de la Grande-Bretagne ne
» respire que votre esclavage. Ses ministres
» serviront toujours un projet dans lequel
» il est inflexible, parce qu'il ne sait pas en
» calculer les dangers. Ne craignez point
» d'effrayer, par une résolution hardie, le
» parti qui réclame pour vous en Angle-
» terre. L'inutilité de ses efforts depuis dix
» ans l'a aigri, et lui fait craindre de voir
» renaître des jours d'oppression. Il tombe,
» si vous cédez. Il n'y a plus de liberté an-
» glaise, s'il n'y a pas une liberté américaine.
» Le nombre des Whigs diminue dans les
» deux chambres : les Torys triomphent.
» Combattez comme vous l'avez fait ; triom-
» phez comme vous venez de le faire, et
» vous aurez dans la métropole des amis
» utiles, parce que votre courage et votre
» résistance les auront rendus puissans. Les
» ministres actuels, confondus dans leurs
» plans et dans leurs mesures, expieront
» l'incendie et le ravage qu'ils ont portés
» dans nos paisibles contrées. D'autres mi-
» nistres reconnaîtront notre indépendance

» garantie par des victoires. L'indépendance!
» voilà cette grande déclaration qu'atten-
» dent la France et l'Espagne pour aider
» notre cause de leurs flottes et de leurs ar-
» mées. Jusque-là elles craindraient toujours
» une réconciliation qui ferait tourner con-
» tre elles les chances de la guerre. Combat-
» tez avec tous les avantages de votre posi-
» tion, ou cessez de combattre! »

Ainsi Franklin déconcertait d'avance un
projet de conciliation que le ministère britannique voulait faire appuyer par une armée
de cinquante-cinq mille hommes. De grands
pouvoirs pour la guerre et pour la paix
avaient été confiés aux deux frères Howe ;
l'un commandait la flotte, et l'autre commandait les troupes de terre. Leur nom était
cher aux Américains, parce qu'un de leurs
frères les avait vaillamment dirigés, en 1760,
dans la guerre du Canada, où il avait trouvé
une mort glorieuse. Le général Howe, depuis son départ de Boston, s'était présenté
successivement devant plusieurs ports. Maître de tout le pays de Long-Island, il y recevait de puissans renforts. Ses propositions
avaient ébranlé plusieurs provinces ; mais,
quand le parti le plus courageux fut proposé
par Francklin, deux des provinces qui s'é-

taient prononcées contre l'indépendance,
celles de Maryland et de la Pensylvanie,
donnèrent de nouveaux pouvoirs à leurs députés. Le 4 juillet 1776, la déclaration d'indépendance fut arrêtée par tous les membres
du congrès. Le soin de la rédiger avait été
confié à Franklin, à Thomas Jefferson et à
John Adams. Si la déclaration des droits
faite par le premier congrès avait déjà
frappé les esprits par l'application des
maximes les plus hautes et les plus abs-
traites de la philosophie, à des intérêts
politiques, l'acte d'indépendance devait pro-
duire une impression plus vive et plus profonde, parce que les Américains se saisissaient des droits qu'auparavant ils avaient
revendiqués. Les combats de Lexington,
de Boston, de Charles-Town, et ceux du
Canada, servaient de garantie à tous les sentimens dont Franklin, Adams et Jefferson
étaient les interprètes. Voici le préambule
de cette déclaration :

« Lorsque le cours des événemens hu-
» mains met un peuple dans la nécessité de
» rompre les liens politiques qui l'unissaient
» à un autre peuple, et de prendre parmi
» les puissances de la terre la place séparée
» et le rang d'égalité auxquels il a droit en

» vertu des lois de la nature et de celles du
» Dieu de la nature, le respect qu'il doit
» aux opinions du genre humain exige de
» lui qu'il expose aux yeux du monde et
» déclare les motifs qui le forcent à cette
» séparation.

» Nous regardons comme incontestables
» et évidentes par elles-mêmes les vérités
» suivantes : Que tous les hommes ont été
» créés égaux ; qu'ils ont été doués par le
» Créateur de certains droits inaliénables ;
» que, parmi ces droits, on doit placer au
» premier rang la vie, la liberté et la re-
» cherche du bonheur ; que, pour s'assurer
» la jouissance de ces droits, les hommes ont
» établi parmi eux des gouvernemens dont
» la juste autorité émane du consentement
» des gouvernés ; que toutes les fois qu'une
» forme de gouvernement quelconque de-
» vient destructive de ces fins, pour les-
» quelles elle a été établie, le peuple a droit
» de la changer et de l'abolir, et d'instituer
» un nouveau gouvernement, en établissant
» ses fondemens sur les principes, et en or-
» ganisant ses pouvoirs dans les formes qui lui
» paraîtront les plus propres à lui procurer
» la sûreté et le bonheur. A la vérité, la pru-
» dence dictera que l'on ne doit pas chan--

» ger, pour des motifs légers, et des causes
» passagères, des gouvernemens établis de-
» puis long-temps ; et aussi l'expérience de
» tous les temps a montré que les hommes
» sont plus disposés à souffrir, tant que les
» maux sont supportables, qu'à se faire droit
» à eux-mêmes en détruisant les formes
» auxquelles ils sont accoutumés. Mais lors-
» qu'une longue suite d'abus et d'usurpa-
» tions, tendant invariablement au même
» but, montre évidemment, le dessein de
» réduire un peuple sous le joug d'un des-
» potisme absolu, il a le droit ; et il est de
» son devoir de renverser un pareil gouver-
» nement, et de pourvoir, par de nouvelles
» mesures, à sa sûreté pour l'avenir. Telle
» a été la patience de ces colonies dans leurs
» maux ; et telle est aujourd'hui la nécessité
» qui les force à changer leurs anciens sys-
» tèmes de gouvernement. L'histoire du roi
» actuel de la Grande-Bretagne est un tissu
» d'injustices et d'usurpations répétées, ten-
» dant toutes directement à établir une ty-
» rannie absolue, sur ces États. Pour le
» prouver, exposons les faits au monde im-
» partial. »

Les hommes vertueux et paisibles qui
avaient rédigé ce préambule foudroyant, se

dissimulaient sans doute à eux-mêmes les conséquences de leur doctrine absolue sur le droit d'insurrection. Tous les gouvernemens européens, fiers de leurs bases antiques, n'aperçurent point combien de tels principes pouvaient les ébranler. Aucun souverain, aucun homme d'État ne témoigna la moindre alarme. Le roi de Prusse, dont l'Europe admirait le coup d'œil sûr et la vaste prévoyance, condamnait hautement les principes des Torys d'Angleterre, et montrait de l'admiration pour les sages du congrès.*. Catherine II paraissait applaudir

---

*. Je crois devoir montrer, par un fragment des OEuvres du roi de Prusse, combien peu ce génie pénétrant entrevoyait les conséquences des troubles de l'Amérique et des principes du congrès. L'indignation du chef d'une monarchie militaire contre le *despotisme* du roi Georges est assez remarquable.

« L'Angleterre était engagée dans une guerre civile » avec ses colonies, entreprise par esprit de despotisme, » conduite avec maladresse. C'est l'Écossais Bute qui » gouverne le roi et le royaume. Semblable à ces esprits » malfaisans, dont on parle toujours, et qu'on ne voit » jamais, il s'enveloppe, ainsi que ses opérations, les » plus profondes ténèbres. Ses émissaires, ses créatures, » sont les ressorts avec lesquels il meut cette machine » politique à volonté. Son système politique est » celui des anciens Torys, qui soutiennent que le bon-

avec un zèle philosophique à une révolution qui, en abaissant la suprématie commerciale de l'Angleterre, pouvait rendre plus floris- sant le commerce de ses États. Deux rois,

› heur de l'Angleterre demande que le roi jouisse d'un
› pouvoir despotique. Impérieux et dur dans le gouver-
›nement, peu soucieux sur le choix des moyens qu'il
› emploie, sa maladresse dans le maniement des affaires
› l'emporte encore sur son obstination. Un million de
› livres sterling que la nation paie annuellement au roi
› pour l'entretien de sa liste civile, ne suffisait qu'à
› peine pour contenter la vénalité des membres du par-
›lement. La nation, dégradée par le souverain même,
»n'eut depuis d'autre volonté que la sienne. Mais,
»comme si ce n'était pas assez, le lord Bute engagea le
·roi à taxer des impôts arbitraires les colonies améri-
·caines, autant pour augmenter ses revenus que pour
»donner un exemple qui, par la suite des temps, pût
»être imité dans la Grande-Bretagne. Les Américains,
 qu'on n'avait pas daigné corrompre, s'opposèrent
»ouvertement à cet impôt, si contraire à leurs droits,
»à leurs coutumes ? et surtout aux libertés dont ils
»jouissaient depuis leur établissement. Un gouvernement
»· sage se serait hâté d'apaiser ces troubles naissans;
»mais le ministère de Londres agit d'après d'autres
»principes. La dureté et la violence achevèrent de sou-
» lever les Américains. Ils tinrent un congrès à Phila-
» delphie; où, renonçant au joug anglais, qui désormais
»leur devenait insupportable; ils se déclarèrent libres
» et indépendans! Dès lors voilà la Grande-Bretagne en-

dont l'un avait humilié des républicains, et dont l'autre avait été humilié par eux, Gustave III et Stanislas-Auguste, louaient avec complaisance les maximes des législateurs de l'Amérique : elles excitaient en Hollande un enthousiasme qui menaçait le pouvoir du stathouder. Les diverses déclarations des droits des treize États-Unis circulaient en Espagne sans y craindre la censure de l'inquisition ; et cette cour, catholique et despotique, allait les appuyer par ses armes.

Les ministres anglais parurent ne point comprendre la doctrine des législateurs de l'Amérique; ni eux ni leurs partisans, quelle que fût la passion qui les animât, ne devinèrent l'effet qu'opéreraient de tels manifestes sur l'imagination des peuples. Il ne partit de la salle de Westminster aucun avertissement sinistre pour effrayer les cabinets dont la politique, en secondant les insur-

» gagée dans une guerre ruineuse, avec ses propres
» colonies. La France, toujours rivale de l'Angleterre,
» voyait avec plaisir ces troubles ; elle encourageait
» sous main l'esprit de révolte, et animait les Américains
» à soutenir leurs droits contre le despotisme que le roi
» George III voulait y établir, en leur présentant en
» perspective les secours qu'ils pouvaient en attendre. »

OEuvres de Frédéric III, t. 4.

gés , semblait consacrer un code raisonné
d'insurrection ; seulement une brochure publiée en Angleterre vers la fin de 1777, et
qu'on croit avoir été inspirée par le ministère britannique , renfermait des avis et des
prédictions dont voici la substance : « Vous
armez, monarque imprudent, y disait-on
en s'adressant à Louis XVI ; oubliez-vous
dans quel siècle, dans quelles circonstances
et sur quelle nation vous régnez ? Les
artifices de votre diplomatie ne peuvent plus
nous le déguiser , vous armez pour soutenir
l'indépendance de l'Amérique et les maximes du congrès. Il est une puissance qui
s'élève aujourd'hui au-dessus des lois : c'est
celle des raisonnemens ambitieux , elle conduit une révolution en Amérique : peut-
être elle en prépare une en France. Les
législateurs de l'Amérique s'annoncent en
disciples des philosophes français ; ils exécu-
tent ce que ceux-ci ont rêvé. Les philosophes
français n'aspireront-ils point à être législateurs dans leur propre pays ? Des principes
qui ne peuvent se plier aux lois anglaises
s'accorderont-ils mieux avec les bases de
votre monarchie ? Quel danger n'y a-t-il
point à mettre l'élite de vos officiers en
communication avec des hommes enthou-

siastes de liberté ? Vous vous inquiéterez,
mais trop tard, quand vous entendrez répéter dans votre cour des axiomes vagues
et spécieux qu'ils auront médités dans les fo-
rêts d'Amérique. Comment, après avoir
versé leur sang pour une cause qu'on nomme
celle de la liberté, feront-ils respecter vos
ordres absolus? D'où vous vient cette sécurité, quand on brise en Amérique la statue
du roi de la Grande-Bretagne ; quand on
dévoue son nom à l'outrage ? L'Angleterre
ne sera que trop vengée de vos desseins
hostiles, quand votre gouvernement sera
examiné, jugé et condamné d'après les
principes qu'on professe à Philadelphie, et
qu'on applaudit dans votre capitale. »

Les principes que réfutait cet écrit étaient
préconisés avec enthousiasme dans les deux
chambres du parlement d'Angleterre, par
une opposition peu nombreuse, mais toute
brillante de vertus, de talens et de gloire.
Jusqu'à cette époque les débats du parlement d'Angleterre n'avaient que faiblement
excité la curiosité de l'Europe, et même de
la France. Le soin d'y démêler de grands
projets était abandonné aux hommes d'É-
tat, et aux nouvellistes dont les conjectures
politiques charment l'oisiveté. Des discus-

Débats du parlement d'Angleterre.

1776 et 1777.

sions relatives aux rouages compliqués de
la constitution anglaise, et un système de
finances plus compliqué encore ; des développemens prolixes et embarrassés, qui se
ressentaient de la gêne de l'improvisation ;
des images hardies peu conformes au génie
facile de notre langue ; des sarcasmes qui
blessaient la politesse de nos mœurs : voilà
ce qui ôtait parmi nous un puissant effet à
des discours qui, même en Angleterre, sur-
vivaient peu aux circonstances du moment.
Pitt, dès le début de sa carrière, sut mêler
à des résultats positifs, à de grandes vues
d'administration, les mouvemens libres et
les traits de flamme des orateurs de l'antiquité. L'orgueil de sa nation ne fut jamais
si pleinement satisfait que dans les discours
où il annonçait les succès toujours croissans
de ses opérations. Les Français étaient trop
humiliés dans ses discours pour les lire avec
avidité. Ils pouvaient bien alors rire de
leurs défaites, mais ils étaient importunés
de la joie qu'elles causaient à leurs ennemis.
La résolution adoptée par le ministère de
dompter à tout prix la rébellion des colonies, offrit aux orateurs du parti de l'opposition le champ le plus favorable à l'éloquence. Leur compassion pour les Américains

opprimés devint bientôt de l'enthousiasme
pour leurs maximes : eux qui jusque-là
semblaient avoir regardé la liberté comme
un fruit particulier de leur île , ils commencèrent à en parler comme d'un bien que
chaque nation avait possédé et pouvait res-
saisir. Il est vrai que ce n'était point là
le caractère particulier des discours de lord
Chatam, Breton superbe et jaloux, qui ne
savait point estimer sa patrie sans dépré-
cier les autres peuples ; mais, puisqu'il parlait de liberté , les Français étaient attentifs :
on répétait à Paris les traits les plus animés
de ses harangues , et c'était par mille éloges donnés à son génie qu'on se vengeait
de ses diatribes contre la France.

Le parti de l'opposition avait fait depuis
quelques années une conquête importante ;
c'était celle de Charles Fox , que l'autorité
de son père , lord Holland, avait d'abord
attaché au parti ministériel, mais que la
forte trempe de son esprit et de son caractère destinait au rôle d'un promoteur in-
fatigable de la liberté : toutes les passions
généreuses se conciliaient en lui avec des
goûts effrénés ; le désordre de ses actions
présentait un étonnant contraste avec l'enchaînement vaste et sévère de ses idées.

Personnages
distingués du
parti de l'op-
position.

Son éloquence avait ordinairement la dignité d'un homme d'État, et quelquefois la véhémence orageuse d'un tribun. Grave, abondant, méthodique, il ne s'enflammait que lorsqu'il arrivait au terme d'une démonstration. Chaque fois qu'il avait à parler des colonies, il se présentait comme un arbitre impassible entre le congrès et le ministère britannique, et finissait par adresser à ce dernier des reproches aussi foudroyans que s'il eût attaqué le conseil de l'un des derniers Stuarts. Le rôle de chef d'opposition qu'il remplissait à la chambre des communes, et dont il ne devait sortir qu'à de courts intervalles; lui servait à développer des principes dont toutes les monarchies absolues devaient être épouvantées ; mais les rois n'écoutaient point, et les peuples prêtaient l'oreille. Burcke, l'ami et l'émule de Fox, développait avec moins de force et de profondeur, mais avec plus d'éclat, une doctrine qu'il devait un jour repousser de toutes les forces de son indignation. Les Anglo-Américains, soit dans leurs succès, soit dans leurs revers, soit dans les actes de leur législation, trouvaient en lui un panégyriste prodigue de mouvemens passionnés, d'expressions magnifiques et d'hyperboles sonores. D'autres orateurs, tels que Cavendish et le colonel Barré, se faisaient remarquer par des talens divers dans un parti que l'admiration de l'Europe consolait de ses défaites au parlement. Vilkes ne cessait de répéter, dans des écrits audacieux, que le roi de la Grande-Bretagne forgeait dans les colonies les fers qu'il préparait à la nation anglaise, et s'indignait que les ports du royaume fussent ouverts à des soldats allemands vendus par leurs souverains pour étouffer la liberté dans les deux hémisphères. L'auteur anonyme des *Lettres de Junius* lançait contre le parti ministériel les traits de la plus accablante satire. Une brochure publiée en Amérique, et qui avait puissamment contribué à préparer les esprits à l'acte d'indépendance, le *Sens commun* de Thomas Payne, était avidement recherchée des Anglais, quoiqu'elle pût faire souffrir leur orgueil en leur montrant combien ils étaient encore loin de la liberté, telle que la concevait ce républicain dogmatique. Un publiciste aussi respecté pour ses vertus que pour la vaste étendue de ses connaissances, le docteur Price, plaidait la cause des Américains, tantôt avec la chaleur d'un missionnaire de la liberté, et tantôt

avec l'onction d'un ministre de l'Évangile.
La corruption ministérielle, les habitudes
flegmatiques que fait contracter l'esprit de
commerce, enfin la nécessité qui s'offrit
bientôt de combattre les Français, les Espagnols et les Hollandais, préservèrent l'Angleterre des troubles intérieurs dont la menaçait une discussion si vive et d'une nature
si périlleuse. Les principes du congrès américain, défendus et commentés par le plus
brillant concours d'orateurs qu'eût encore
offert le parlement britannique, échouaient
devant des institutions fixes qui remontaient
au temps de la grande chartre : ainsi l'on
pourrait dire qu'ils ne faisaient que passer
en Angleterre pour s'établir graduellement
dans un pays où les vieilles institutions
étaient ébranlées, où les esprits se passion-
naient pour les nouveautés, et repoussaieut
tous les préjugés pour se repaître de toutes
les illusions.

Dispositions de la nation française. *Quand armera-t-on en faveur des insurgens ?* on n'entendait que ce cri en France.
La nation trompait son gouvernement, et se
trompait elle-même en exagérant les avantages commerciaux qui devaient résulter de
l'indépendance des colonies anglaises. La
philosophie trouvait la politique trop lente

à seconder ses vœux ; les poëtes, qui depuis long-temps s'étaient faits les échos des philosophes, célébraient à l'envi les insurgens ; l'esprit de mode propageait la déclaration des droits de l'homme ; nul titre ne paraissait plus beau que celui d'un habitant de Boston. C'était dans les villes maritimes qu'éclatait avec le plus de vivacité l'enthousiasme pour la cause américaine. Elles étaient alors florissantes, et ne voyaient aucun terme à leur prospérité, si le gouvernement profitait de cette crise de l'Angleterre. Le commerce qu'elles commençaient à ouvrir avec les États-Unis leur semblait d'un heureux augure pour le moment où les fruits de la paix et de la liberté accroîtraient leurs richesses. C'était surtout des armes que demandaient les Américains. Nantes et Bordeaux leur en avaient déjà fourni, mais par une espèce de contrebande. L'entreprenant Beaumarchais, qui se regardait comme appelé à seconder les efforts de la liberté et du patriotisme depuis qu'il s'était rendu le fléau du parlement Maupeou, résolut de procurer aux insurgens des secours plus actifs, et fit fabriquer pour eux des armes qui leur furent envoyées presque sous les yeux de l'ambassadeur d'Angleterre. Celui-ci (lord Stormont) n'épargnait ni les plaintes ni les reproches ; mais il ne parlait pas au faible Louis XVI avec autant d'arrogance que le lord Stair avait parlé à l'impérieux Louis XIV. Il sera temps, disaient sans doute les ministres du roi George, de se venger de la France quand les colonies seront soumises ; et cette soumission, ils la regardaient comme le résultat inévitable de chaque nouvelle campagne. L'arrivée en France d'un négociateur tel que Franklin, dont l'habileté leur était si bien connue, les inquiéta, mais sans les porter à des mesures énergiques.

Arrivée de Franklin en France. 1777.

Par l'effet que Franklin produisit en France, on eût dit qu'il remplissait sa mission, non auprès d'une cour, mais auprès d'un peuple libre. Des ménagemens imposés par la politique ne lui permettaient pas de se présenter souvent aux ministres, mais il communiquait avec tous les personnages qui dirigeaient l'opinion publique. Les hommes les plus frivoles croyaient voir en lui un sage de l'antiquité, qui revivait pour donner des leçons austères et des exemples généreux aux peuples modernes : on personnifiait en lui la république dont il était le représentant et le législateur ; on faisait de ses vertus l'apanage de ses compatriotes, et l'on

jugeait du caractère de leur physionomie
d'après ses traits imposans et sereins. Heureux qui pouvait être admis à le voir dans
la maison de campagne qu'il occupait à
Passy ! Ce vieillard, disait-on, joint le maintien de Phocion à l'esprit de Socrate. Les
courtisans étaient frappés de sa dignité naturelle, et démêlaient en lui la profondeur
de l'homme d'État; les jeunes officiers, impatiens de se signaler dans l'autre hémisphère, venaient l'interroger sur les forces
des insurgens. Lorsque, avec une profonde
douleur, mais avec une mâle franchise, il
leur avouait des défaites récentes qui mettaient en danger sa patrie, il excitait en eux
un désir plus vif d'être appelés à secourir et
à diriger des milices républicaines. On voyait
partout des portraits de Franklin, avec cette
inscription, que la cour elle-même trouvait
juste et sublime :

Eripuit cœlo fulmen, sceptrumque tyrannis.

Les femmes partageaient cette admiration
pour le sage de l'Amérique ; il savait pour
elles égayer la raison dans des badinages
philosophiques pleins de grâce et d'aménité, comme il avait su la rendre populaire
dans la *Science du Bonhomme Richard.* Sa

réserve n'avait rien de glacial : la finesse
était un don particulier de son esprit ; il la
conciliait avec cette activité patiente du gé-.
nie qui poursuit les grandes découvertes, et
cette constance de l'âme qui fait réussir les
grandes entreprises. On était charmé d'ap-
prendre de lui par quelles épreuves stoï-
ques, par quelles privations pythagoricien-
nes il avait fortifié à la fois son tempérament
et son caractère. Vénéré des philosophes
français, il les consultait sur différens problèmes
de législation, et sur des établisse-
mens de bienfaisance et de philanthropie
qu'il voulait introduire en Amérique. Ceux-
ci triomphaient d'avoir trouvé un pays où se
réalisaient leurs vœux, et avaient des ora-
cles tout prêts à donner aux autres nations,
ou même aux souverains qui exerceraient
leurs facultés législatives. D'après ce tableau,
il serait inutile de tracer l'histoire des négociations de Franklin auprès de la cour de
France : ses vertus et sa renommée négo-
ciaient pour lui. Avant que la seconde année
de sa mission fût expirée, personne ne concevait plus qu'il fût possible de refuser des
flottes et une armée aux compatriotes de
Franklin.

Départ   Un jeune officier d'un nom illustre avait

devancé les ordres de sa cour, où plutôt en avait bravé les défenses pour se mêler dans les bataillons des insurgés américains : c'était le marquis de La Fayette; il avait à peine vingt ans, et venait de s'unir avec une jeune personne de la maison de Noailles, douée des qualités les plus aimables, et qui annonçait les vertus dont elle donna depuis les plus touchans témoignages. Tout permettait à La Fayette d'attendre au sein du bonheur les occasions d'acquérir de la gloire ; mais il était impatient, ainsi que la plupart de ses jeunes compagnons, de rendre aux armes françaises l'honneur qu'elles avaient perdu dans la guerre de sept ans. Un voyage qu'il avait fait en Angleterre lui avait inspiré plus profondément le désir de venger l'humiliation de sa patrie. Il avait puisé, dans l'entretien de plusieurs Anglais, un vif intérêt pour la cause des Américains. On avait vu souvent des officiers français aller chercher du service dans des guerres où leur gouvernement voulait rester étranger; leur zèle était surtout excité lorsque l'Autriche avait à repousser les efforts des Turcs ; c'était un dernier souvenir des croisades. Au dixhuitième siècle, ce qui restait de l'esprit chevaleresque prenait une direction toute

nouvelle. Dans quelque pays qu'on fût armé
pour la liberté, la jeune noblesse brûlait de
se présenter en auxiliaire du patriotisme;
elle avait regretté la Pologne, elle voulait
sauver d'Amérique, et craignait que le gouvernement, qui avait laissé opprimer l'une
de ces républiques, ne se décidât jamais à
secourir l'autre. Le marquis de La Fayette fit
part aux commissaires américains de la résolution qu'il avait prise de combatíre sous
les drapeaux de Washington. Ses instances
ne furent jamais plus vives, ni sa résolution
mieux arrêtée que lorsqu'il apprit une suite
de défaites qu'avait éprouvées l'armée des
insurgens. Les commissaires du congrès n'o-
saient ou ne pouvaient lui procurer un navire : il en fit équiper un à ses frais, débar-
qua à Georges-Town, ranima l'espoir des
Américains, reçut les remercîmens du congrès, et refusa les honneurs qu'on voulait
lui rendre. Il servit d'abord comme simple
volontaire ; mais bientôt il obtint deux
récompenses précieuses, le grade de major-
général, et l'amitié de Washington.

Revers des in-
surgens amé-
ricains.

Je n'ai encore retracé que la première
époque de la guerre des insurgens américains, c'est-à-dire, les faits qui précédèrent
l'acte d'indépendance. Ces faits sont peu

nombreux et d'une médiocre importance ,
à les considérer sous un rapport purement
militaire; cependant ils ouvrent dignement
cette scène de combats qui avaient pour
objet la liberté d'un peuple appelé à donner
un nouvel aspect politique au nouvel hémisphère. Quoiqu'on n'y remarque pas ces
opérations vagues et hardies qui annoncent
l'essor d'une nation guerrière , on y voit
l'inspiration du patriotisme. D'autres peuples , dans une telle position , auraient pu
faire briller un courage plus impétueux ;
mais nul n'aurait montré plus de constance,
nul surtout n'aurait mieux évité le désordre
et l'anarchie qui suivent les révolutions. Mais
l'ardeur, et même la patience des insurgens ,
parurent s'affaiblir dans le moment où quelque gloire acquise , les actes du congrès et
l'admiration de l'Europe , semblaient devoir
donner à leurs âmes un nouveau degré
d'exaltation. Ils avaient plutôt craint l'oppression qu'ils ne l'avaient éprouvée. La colère qu'on avait excitée en eux, contre les
Anglais n'avait point encore l'énergie de la
haine ; ils n'étaient point animés par le fa-
natisme , puisque leur religion n'était point
menacée. Ils n'avaient ni les ressources d'une
nation opulente , ni le redoutable désespoir

d'une nation qui aspire à sortir de la détresse. L'union des treize États était trop récente et trop mal cimentée pour les assujettir à un mobile prompt et uniforme. Les Américains, habitués dans les campagnes à des épargnes rigides, et dans les villes à des spéculations où il entrait de la cupidité, s'imposaient difficilement des sacrifices pécuniaires. Dans l'impossibilité d'établir un revenu fixe et suffisant, le congrès, et bientôt toutes les provinces, créèrent un papier-monnaie sur l'hypothèque peu spécieuse de terres, ou plutôt de pays immenses à défricher. La première chaleur du patriotisme soutint ce papier-monnaie; mais il n'était à l'épreuve ni du temps ni des revers. Enfin, c'était un malheur pour les milices américaines que d'avoir vaincu leurs ennemis dans plusieurs rencontres, sans le secours de l'art et de la discipline; obstinées à repousser l'instruction militaire, elles manquèrent bientôt de cette confiance raisonnée qui double le courage. Il y eut un moment où toutes les ressources de l'Amérique furent dans les talens et l'indomptable énergie d'un seul homme. Ce moment suivit de près la solennelle déclaration de ces principes philosophiques et républicains devant lesquels

l'Europe s'était inclinée avec un respect religieux.

Le général Howe, dont l'amiral son frère
secondait les opérations avec une flotte formidable, s'était établi à Hallifax. Des renforts de troupes allemandes lui arrivèrent
successivement. La totalité des forces anglaises dans l'Amérique septentrionale s'é-
levait, au mois de juillet 1776, à cinquante-
cinq mille hommes. La première attaque du
général Howe fut sur Long-Island, dont
l'Américain Sullivan couvrait les positions
avec un fort détachement. Ces troupes sou-
tinrent mal le combat, et plusieurs postes
étaient emportés quand le général Washington arriva dans l'île. Il vit et ne put réparer
le désordre qui régnait parmi les Américains : des corps fuyaient à la première attaque ; d'autres se laissaient tourner, et po-
saient les armes après une faible résistance.
Sullivan, en voulant charger l'ennemi, avait
été abandonné des siens, et fait prisonnier
avec deux officiers généraux. Le général en
chef avait pris des mesures pour que le reste
de son armée fût promptement transporté
de New-Yorck à Long-Island ; mais, témoin
d'un combat où les soldats américains trahissaient toutes ses espérances, il se garda

Le général
Howe s'empa-
re de Long-Is-
land, du nou-
veau Jersey,
et menace Phi-
ladelphie.
1776.

bien de donner un ordre qui eût pu décider,
dans un seul jour, la défaite, la honte et la
soumission de sa patrie. Il ne s'attacha qu'à
recueillir les débris d'un corps d'armée qui
venait d'éprouver une perte de trois mille
hommes; et, cachant avec une rare habileté
ses dispositions aux vainqueurs, il fit embarquer neuf mille hommes sur la rivière de
l'Est, et les conduisit à New-Yorck, en sauvant une grande partie de l'artillerie et des
bagages. Son intention n'était pas de se défendre long-temps dans cette ville; il devait
éviter toutes les actions où les Anglais tire-
raient un grand secours du feu de leurs
nombreux vaisseaux. Il se préparait à évacuer New-Yorck, lorsque les Anglais vinrent l'attaquer vivement. Il vit ses troupes
plier au premier choc, et ne conçut plus
d'autre moyen de les ramener au combat,
que de leur donner l'exemple d'une valeur
impétueuse et d'un noble désespoir. Il n'y
avait plus que lui, ses aides de camp et deux
ou trois cents hommes qui combattissent
dans toute l'armée américaine. Forcé enfin
de rejoindre ceux qu'il ne pouvait entraîner
sur ses pas, il ordonna la retraite, avec le
regret de laisser à l'ennemi des canons, des
magasins et des tentes, tout ce qui donnait

à des troupes si mal aguerries la forme et les ressources d'une armée. Outre la honte d'avoir été deux fois vaincues, elles éprouvaient à l'approche de l'hiver tous les genres de privations et d'alarmes. La plupart d'entre elles avaient pour lâche consolation la perspective de pouvoir se retirer dans quelques mois, aux termes de leur engagement, et souvent elles devançaient ce terme par la désertion. Un morne effroi régnait dans la province du Nouveau-Jersey, ouverte à l'invasion des ennemis. La moitié des habitans y courait au-devant du pardon que promettait le vainqueur. Le général Howe, en suivant plutôt ses propres penchans que les instructions du ministère britannique, se montrait plein d'humanité et de modération. La honte de céder aux Anglais était adoucie par le souvenir d'une longue fraternité. L'événement trahissait les espérances les mieux fondées de Washington. Un fort auquel on avait donné son nom, et qui était défendu par deux mille hommes, fut emporté d'assaut, et la garnison faite prisonnière. Celle qui défendait le fort Lee l'évacua précipitamment.

Washington attendait, comme son dernier moyen de salut, un corps d'armée avec lequel le général Lee couvrait les provinces de l'est; mais cet officier, importuné de rester au second rang, et mettant la belle défense de Charles-Town au-dessus de tous les travaux de Washington, semblait se plaire à augmenter les embarras de son rival; on eût dit que sa marche était calculée pour rendre tour à tour et faire perdre l'espérance au général en chef, qui comptait à peine trois mille hommes sous ses drapeaux. Bientôt Lee porta la peine de ces mouvemens obliques et mal ordonnés. Il avait eu l'imprudence d'établir sa tente à une certaine distance de ses quartiers, croyant être à vingt milles des ennemis. Un détachement de cavaliers anglais, commandé par le colonel Harcourt, fit une incursion rapide dans le pays que traversait le général Lee, et, guidé par un royaliste américain, le surprit, le désarma et l'emmena prisonnier. Les Anglais firent subir la captivité la plus rigoureuse à un officier qui avait déserté sa patrie pour embrasser la cause des rebelles. Le général Lee dut encore s'estimer heureux d'être justifié à ce prix des soupçons que les Américains concevaient sur sa loyauté.

Washington sauve Philadelphie dans Ce qui, durant le cours de tant de disgrâces humiliantes, sauva les Américains, ce fut un sentiment bien rare dans les répu- les combats de Trenton et de Prince-Town. bliques, et surtout dans celles qu'agitent les troubles d'une révolution : ils restèrent fi- Décembre. 1776. dèles à un chef dont la fortune n'avait ni récompensé ni lassé la constance. Le congrès, qui avait en vain ordonné des levées générales, investit Washington d'un pouvoir illimité à cet égard : il n'en usa qu'avec beaucoup de ménagemens. Persuadé qu'un retour de la victoire pouvait seul lui rendre une armée, il était résolu de combattre, dans le moment où l'ennemi ne pouvait lui en supposer ni le projet ni les moyens. Sa retraite s'était faite à travers le Nouveau-Jersey. Grâce au dévouement qu'il avait inspiré à quelques officiers, il avait eu quelques rencontres brillantes. Le général Howe, ralenti dans sa poursuite, soit par la difficulté d'assurer ses vivres, soit par l'espoir d'opérer une soumission volontaire, avait laissé à Washington le temps de se retrancher derrière la Delaware, dont celui-ci avait coupé les ponts, détruit ou emmené les bateaux. Comme on était au mois de décembre, Howe attendait que le fleuve fût arrêté par les glaces pour disperser les derniers débris de l'armée américaine et marcher sur Philadelphie, d'où le congrès s'était déjà retiré.

Il avait permis à son armée, fatiguée des travaux de cette campagne, de prendre des cantonnemens fort étendus, depuis Trenton jusqu'à Prince-Town et Brunswick. A peine Washington s'aperçoit-il de la faute commise par l'ennemi, qu'il passe d'une extrême circonspection à une brillante audace. « Les Anglais, dit-il, ont trop étendu leurs ailes ; il est temps de les leur rogner. » Il est parvenu à rassembler sept mille hommes ; mais plusieurs doivent le quitter dans huit jours, parce que leur service expire avec l'année. La veille de Noël, il fait monter ses troupes d'élite sur des bateaux qui descendent la Delaware avec beaucoup d'embarras et de périls : ce fleuve charriait des glaces. Il se présente inopinément au poste de Trenton, l'enveloppe, l'attaque avec vivacité, et fait poser les armes à trois régimens hessois, dont à peine un tiers parvient à s'échapper. Il fait ses dispositions comme pour conserver le poste qu'il a conquis. Les Anglais s'avancent de plusieurs points pour en expulser les Américains, avec l'espérance de les jeter dans la Delaware. Il s'y maintient pendant trois jours contre tous leurs efforts ; mais il faudra le lendemain recommencer le combat devant les ennemis, dont

les forces s'accroissent à chaque instant.
Washington trouve à la fois le moyen de
se soustraire à cette apparente nécessité,
et de faire aux ennemis une surprise plus
cruelle et plus humiliante que la première.
Il fait tenir, pendant la nuit, les feux allu-
més dans le poste de Trenton, et en sort
avec ses troupes dans le plus profond silence. Il marche sur Prince-Town, que
le général Howe a quitté la veille pour venir
à sa rencontre, mais où il a laissé un détachement nombreux. Washington y arrive
par un chemin de détour, trouve deux régimens anglais sous les armes, qui se disposaient
à rejoindre l'armée principale; les attaque
brusquement; les disperse, et leur fait des
prisonniers. Ce mouvement s'était opéré avec
tant d'adresse, que les Anglais, rangés en
bataille devant Trenton, entendant au loin
un bruit d'artillerie, le prirent pour le bruit
du tonnerre. Quoique leurs forces fussent
encore triples de celles des insurgens, ils
résolurent de se mettre à l'abri de pareilles
surprises, en prenant leurs quartiers d'hiver
à une petite distance de New-Yorck. Philadelphie fut ainsi sauvée, et le Nouveau-Jersey
presque entièrement reconquis.

Sans doute les Anglais et leurs auxiliaires

n'avaient profité, dans cette campagne, qu'avec beaucoup d'irrésolution, de deux victoires faiblement disputées. Leurs généraux, imitateurs sans génie de la tactique allemande, avaient ralenti leurs succès par de lourdes manœuvres. Cependant, quelle adresse et quelle vigilance de tous les momens ne fallut-il pas à Washington pour leur persuader qu'ils avaient devant eux une armée, lorsque lui seul leur faisait tête ? Trois mille fugitifs dépourvus d'artillerie, de magasins, de tentes, de vêtemens, de chaussures, impatiens de retourner dans leurs foyers : voilà les moyens avec lesquels Washington fit, pendant trois mois, illusion aux ennemis de sa patrie, et à sa patrie elle-même.

On peut regretter ici des détails qui feraient mieux connaître encore l'habileté et la constance de Washington ; mais les résultats rapidement rapprochés de cette campagne de quatre mois suffisent pour peindre non-seulement le général, mais le fondateur d'une nation, l'homme qui la dirige suivant son propre caractère, et la fait marcher, par une force insensible, aux combats, à l'ordre, à la victoire. Dans la campagne suivante, celle de 1777, nous allons voir en-

core Washington malheureux : la victoire
fuit ses drapeaux, et couronne, sous un
autre chef, les efforts des soldats américains; mais la réflexion montre, dans des
succès obtenus loin de lui, la noble influence de son caractère et de toutes ses
vertus. Cette campagne eut deux théâtres,
l'un la Pensylvanie, et l'autre les frontières
du Canada; elle est importante, puisqu'elle
amena le conflit, si long-temps attendu,
de la France et de l'Angleterre.

Le ministère britannique, étonné qu'une
forte escadre et une armée de cinquante-
cinq mille hommes bien disciplinés n'eussent pas suffi pour dompter la rébellion des
colonies, avait arrêté un plan nouveau pour
soumettre l'intérieur de cette immense contrée. Ces opérations, qu'il était difficile d'ordonner de loin avec précision et régularité,
n'eurent leur développement que dans l'été
de 1777. Les commencemens de la campagne avaient été remplis par une insignifiante
guerre de postes dans le Nouveau-Jersey.
Le général Howe prend tout à coup la résolution de monter sur la flotte avec la plus
grande partie de son armée : toutes les côtes
des États-Unis sont en alarmes; on ne sait
sur quel point va fondre l'orage. L'autorité

Les insurgens perdent la bataille de Brandiwine. Philadelphie est menacée de nouveau, et conquise.
1777.

dictatoriale de Washington est insuffisante pour ordonner et maintenir les préparatifs d'une défense commune, quand chaque province croit devoir veiller à sa défense particulière. Les renforts qu'il attend sont suspendus. Inquiet sur les provinces du nord, que menace une autre armée anglaise sous le commandement du général Burgoyne, il se prive de plusieurs corps qui sont restés fidèles à ses drapeaux ; il en grossit l'armée du nord ; avec ce qui lui reste il couvre encore Philadelphie ; il reconnaît que l'amiral Howe n'a point renoncé à l'espérance de conquérir la ville du congrès, véritable capitale de ces États nouveaux. En effet, la flotte anglaise, après quelques mouvemens calculés pour répandre une épouvante générale, s'empare de la baie de la Delaware, et les troupes sont débarquées fort près de Philadelphie.

Washington marche à leur rencontre avec dix mille hommes, et se retranche derrière la petite rivière du Brandiwine. Son dessein était de recommencer le genre de guerre par lequel il avait usé les forces et fait avorter les desseins de l'ennemi ; mais les milices pensylvaines, qui formaient l'élite de son armée, ne pouvaient se résoudre à souffrir une longue dévastation de leurs champs ; elles demandèrent la bataille. Trompé par les témoignages de cette ardeur belliqueuse, et encore plus par un faux avis qu'il reçut des siens mêmes, Washington se résolut à défendre le passage du Brandiwine. Les Anglais et les Hessois l'exécutèrent en présence de l'armée américaine, et à une assez longue distance des points qu'elle défendait. Une vive attaque et des manœuvres assez habiles jetèrent le plus grand désordre dans les bataillons américains. Washington, dans les soins qu'il prit pour les rallier, fut aidé par quelques-uns des siens, mais surtout par de valeureux étrangers : l'un deux était le comte Casimir Pulawski, cet intrépide Polonais qui, survivant seul à son héroïque famille, avait si long-temps vengé sur les Russes et voulu venger sur son roi même les maux de sa patrie. Depuis que la Pologne avait perdu tout espoir d'indépendance, il s'était fait l'auxiliaire de la liberté américaine ; quelques-uns de ses compagnons avaient cherché la même diversion à leur chagrin patriotique. On distinguait parmi eux Kosciusko, jeune alors, et qui devait un jour surpasser les exploits de tous les Pulawski, dans sa patrie un moment ressus-

citée. Le comte Casimir ne manqua pas à sa
renommée dans la journée de Brandiwine ;
il ramena à la charge un corps de cavalerie,
dont le congrès depuis lui donna le commandement. Le marquis de La Fayette ne
montra pas moins d'ardeur à ranimer le
combat : une blessure qu'il reçut arrêta ses
troupes, qui balançaient encore la victoire.
D'autres officiers français, et particulièrement le capitaine de Fleury, s'étaient distingués à ses côtés. Tout ce que put opérer
leur valeur, ce fut que la retraite n'eut point
les suites funestes d'une déroute, mais Philadelphie fut à découvert. Les Anglais y en-
trèrent, et furent étonnés de trouver de
nombreux partisans dans une ville où le congrès avait tenu ses majestueuses délibérations.

23 septembre.   Le général anglais crut avoir rompu la
1777.   ligue américaine. Tranquille dans Philadelphie, et manœuvrant avec lenteur pour
s'assurer le cours de la rivière de la Delaware, il attendait la soumission des provinces. Leur silence, ou plutôt leur attitude
hostile, dut le convaincre bientôt que l'armée anglaise du nord n'obtenait point de
succès. Il fut instruit de la position difficile
où le général Burgoyne s'était engagé ; il

jugea qu'à une si longue distance, des secours seraient trop tardifs, et qu'il valait
mieux attirer sur lui seul les forces principales des Américains. Washington faisait le
même calcul avec plus de prudence, et surtout avec un bien noble désintéressement :
que l'Amérique fût sauvée, c'était là tout son
vœu ; il ne regrettait point qu'elle le fût ou
parût l'être par un autre bras que le sien. Il
pressait, il harcelait Howe de manière à ne
lui permettre ni progrès ultérieurs, ni mouvemens dont l'armée du Canada eût pu tirer
quelques secours indirects. La fortune avait
encore une fois trahi ses espérances dans
une bataille qu'il était venu livrer aux Anglais près de German-Town, à huit milles
de Philadelphie ; mais les Anglais étaient
moins fiers d'avoir repoussé Washington ,
que surpris d'avoir été attaqués avec tant de
vigueur. Ils abandonnèrent bientôt la ville
même où ils avaient soutenu ce combat,
pour concentrer leurs forces à Philadelphie.
Mais bientôt Howe et Washington , en présence, entendirent partout retentir ces cris :
« Une armée anglaise a posé les armes de-
» vant les milices américaines ; c'est d'au-
» jourd'hui que l'Amérique est libre, indé-

» pendante. » Suivons les événemens du Canada.

Expédition de Burgoyne dans le nord de l'Amérique. 1777.

Depuis la mort de Montgommery et la levée du siége de Québec, les Américains n'avaient conservé de leurs conquêtes dans le Canada que les rives du lac Champlain, et le fort important de Ticonderago. Pour couvrir cette frontière, ils avaient formé une flottille qui soutint avec honneur plusieurs combats contre la flottille anglaise. Le général Carleton fut obligé d'employer deux campagnes à recouvrer la possession du lac Champlain. Les ministres anglais estimaient dans le libérateur de Québec un guerrier sage et généreux; mais ils lui reprochaient trop de ménagemens pour les Américains; ils lui donnèrent pour successcur le général Burgoyne, qui était venu à Londres briguer leur suffrage, et les avait séduits par de brillantes promesses. On lui avait confié une armée peu nombreuse, mais formée de troupes d'élite. Il comptait sur les royalistes américains pour en augmenter les forces, et sur un autre secours que son prédécesseur avait toujours repoussé avec indignation; c'était celui des peuplades sauvages qui avoisinent le Canada.

Burgoyne, en armant ces hordes féro- Cruautés des sauvages alliés des Anglais. ces, les avait conjurées de renoncer à leurs impitoyables lois de guerre, et d'adopter celles des nations européennes. Les sauvages feignirent de comprendre et de respecter ces instructions; mais la première goutte de sang qu'ils versèrent réveilla toute leur barbarie. En dévastant les terres des colons limitrophes, ils ne purent s'abstenir du meurtre des vieillards, des femmes et des enfans. Les royalistes étaient, comme les patriotes, déchirés par leurs horribles instrumens de mort. Un seul trait va montrer quelle était l'aveugle cruauté de ces anthropophages. Ils avaient pénétré inopinément dans un bourg où les préparatifs d'une noce occupaient tous les habitans, et les remplissaient d'allégresse : un riche royaliste mariait sa fille à un officier anglais ; ils étaient fiancés ; on n'attendait plus que l'arrivée du jeune militaire pour commencer la cérémonie. Les sauvages viennent tout renverser, tout égorger, et la jeune fille qui allait marcher à l'autel nuptial est livrée au plus affreux supplice. Les Américains ne tardèrent pas à être vengés de ceux qui avaient lancé sur eux cet épouvantable fléau.

Burgoyne ouvrit la campagne en marchant sur le fort de Ticonderago, qui, l'année précédente, avait soutenu un siége honorable. La garnison, infidèle à la gloire qu'elle avait acquise, au premier bruit de l'approche d'une armée redoutable, sortit précipitamment de ce fort, que les Américains regardaient comme leur meilleur boulevart. La lâcheté inattendue de ces soldats produisit un effet fâcheux sur l'armée américaine : elle fuit; elle défend faiblement le passage des lacs et des rivières, et, vaincue chaque fois qu'elle ose combattre, elle se retire à Saratoga. Si le général Burgoyne, qui avait fait la guerre de Hanovre, n'eût pas employé hors de propos des précautions militaires qui supposaient la présence d'un ennemi très-exercé, il avait tout à espérer de la terreur que ses armes avaient répandue. Au lieu de traverser rapidement un pays où l'on ne trouvait qu'à de longues distances des champs cultivés, il fit faire des attaques partielles de tous les forts et de tous les lieux retranchés où les troupes américaines avaient des magasins. Le mauvais succès de quelques-unes de ces attaques, et les retards causés par celles même qui avaient réussi, le mirent bientôt dans une situation où il lui était aussi difficile de rétrograder que de poursuivre ses stériles conquêtes.

Le congrès avait donné un nouveau général à l'armée du nord ; c'était Gates, digne émule de Washington, et qui, comme lui, connaissait le prix d'une patiente activité dans une guerre de cette nature. Il avait sous ses ordres Arnold, le plus bouillant des officiers américains : tous deux ranimèrent l'ardeur des troupes. S'ils continuèrent la retraite, ce fut en la rendant un piége redoutable pour les vainqueurs. Ils savaient quelquefois les menacer de flanc, et les inquiéter sur leurs magasins.

Un corps de l'armée anglaise venait d'éprouver un échec auprès de Beninghton ; lorsque le général Burgoyne se résolut trop tard à réparer ses lenteurs et à poursuivre sans relâche l'armée américaine ; il passa la rivière d'Hudson, pénétra sans résistance à Saratoga, et vit devant lui un pays encore plus stérile que celui dont il sortait. Bientôt, effrayé des vastes solitudes qui s'offraient à lui, ralenti dans sa marche par la nécessité de jeter des ponts sur une multitude de petites rivières et de torrens, il n'attendit plus son salut que d'un corps de l'armée anglaise, qui, de New-Yorck, devait s'ouvrir jusqu'à

Capitulation de l'armée anglaise, qui se rend prisonnière, à Saratoga.
Octobre 1777.

V.   8

lui un passage difficile. Clinton, qui commandait ce corps, ne put, malgré beaucoup de diligence et quelques premiers succès, joindre Burgoyne au jour indiqué. Pendant que Clinton remontait la rivière du Nord, en dévastant ses rivages, et s'emparait du fort Montgommery, l'armée de Gates, que Washington avait généreusement accrue de quelques renforts, marchait à la rencontre de Burgoyne, perdu et arrêté dans les déserts. Le choc fut vif, et dura tout un jour. Le désespoir et l'horrible perspective d'être livrés aux tourmens de la faim avaient ranimé les efforts des Anglais ; mais, après un combat où la perte fut à peu près égale des deux côtés, Burgoyne ne réussit qu'à conserver des positions où rien ne pouvait soulager la misère de son armée. Déjà les rations étaient réduites ; encore quelques jours, et les vivres étaient épuisés. Gates ne cessait de fatiguer cette armée affaiblie, et dont les détachemens se dispersaient en vain pour s'ouvrir de nouveaux passages. Le 7 octobre, Arnold mit en désordre l'avant-garde de l'armée anglaise, et la repoussa jusque dans ses retranchemens. Le général Burgoyne soutint cette attaque avec l'élite de ses troupes ; elles pliaient, lorsque Arnold reçut une

blessure. Les Américains se retirèrent aux
approches de la nuit; mais une défaite désastreuse n'eût pas laissé les Anglais dans une
position plus cruelle que celle où ils se trouvaient après ce faible et dernier avantage.
Plus d'espoir de s'ouvrir un chemin à travers
les lignes de l'armée américaine ; des déserts devant soi et derrière soi : l'armée est
déjà réduite à moitié. Burgoyne se résout à
la retraite , il arrive à Saratoga ; mais ses
inquiétudes redoublent : l'ennemi n'aura-t-il
pas fait assez de diligence pour lui ôter les
moyens de repasser l'Hudson? Bientôt il ap-
prend que des corps américains en occupent
les rives. Il marche ; et, à chaque ravin, à
chaque ruisseau , il trouve l'ennemi prêt à
lui disputer le passage.

Jusque-là Burgoyne avait montré, dans
la mauvaise fortune , la vigueur et la résolution qui lui avaient manqué pendant le
cours de ses succès. Mais l'accumulation des
embarras et des dangers venait d'épuiser sa
constance ; il ne sut point recourir au comble de l'audace pour éviter le comble de l'i-
gnominie. Le seul moyen de salut qui lui
restait était de passer le fleuve sous le feu
du fort Édouard , occupé par les Américains. Sur la foi de ses éclaireurs , il juge

impossible une entreprise que, dans une telle
situation, il devait tenter par lui-même. Il
négocie et signe la convention de Saratoga.
Près de six mille hommes qui forment les
débris de son armée, posent les armes le
17 octobre 1777, et se rendent prisonniers.
Le lendemain de la capitulation, Burgoyne,
qui s'apprêtait à l'exécuter, reçut un courrier du général Clinton, qui lui apprenait
que, maître du fort Montgommery et de la
rivière du Nord, il espérait le joindre dans
sept ou huit jours, avec quatre mille hommes : c'était trop tard ; et d'ailleurs Clinton
fut bientôt repoussé. Burgoyne fut fidèle à
la capitulation ; un des articles portait que
les Anglais seraient embarqués pour leur patrie, sous la condition de ne plus porter les
armes contre les États-Unis de l'Amérique.
Cependant ils restèrent prisonniers durant
plusieurs années : sans doute c'est un juste
sujet de reproche contre les Américains ;
mais les Anglais portèrent la peine d'avoir,
dix ans auparavant, dans la guerre de Hanovre, violé la même condition qui leur
fut imposée par la convention de Closter-
Severn.

Tiédeur des
Américains
après ce suc-
cès.

Qu'une nation vive, exaltée, eût obtenu
un succès de ce genre, peu de jours lui eus-

sent suffi pour délivrer ses foyers d'un ennemi frappé de confusion et d'épouvante.
Si les insurgens eussent réuni avec célérité
les troupes victorieuses de Saratoga à celles
qui , sous les ordres de Washington , con-
tenaient les Anglais dans Philadelphie , la
délivrance de cette ville, celle de New-Yorck,
de Long-Island , Rhode-Island , terminaient
en peu de mois une guerre que les Anglais
n'eussent pu recommencer sans démence.
Mais les insurgens ne surent point s'abandonner à cette impétuosité qui abrége la
guerre en multipliant les triomphes. Le
même flegme qui les fit s'avancer avec peu
de désordre dans leur révolution , borna
leur gloire et leurs succès dans la guerre ;
au lieu d'achever leur ouvrage , ils semblè-
rent dirent à la France que c'était à elle à le
terminer. Washington resta presque délaissé
dans son camp de Valley - Forge. L'autorité
dictatoriale qui lui avait été confiée , et qu'il
ne pouvait exercer avec énergie sur des
États dont le lien fédératif était sans vigueur , fut encore affaiblie par la gloire
qu'avait acquise un autre chef. Peu s'en fal-
lut que lui - même n'expiât , par une disgrâce , son noble désintéressement : modeste quand ses compatriotes étaient recon-

naissans, il eut de la fierté quand il les vit
près de l'ingratitude. Le congrès, que les
manœuvres des ennemis de Washington
avaient un moment ébranlé, répara son injustice, et reconnut dans ce général le premier libérateur de la nation. La négligence
qu'on avait mise à lui fournir les moyens
d'une victoire éclatante, avait eu des suites
funestes, et le rendait plus nécessaire. Il
opposa la constance et la fidélité de La
Fayette aux intrigues de quelques lieutenans jaloux. Six mille hommes, qui, pendant un hiver, rigoureux et dans le voisinage des montagnes, manquaient souvent
d'habits, de chaussures, et de vivres, lui suffirent pour contenir les Anglais dans Philadelphie. Il avait conçu un plan vaste pour
les en chasser ; mais l'inactivité de ses compatriotes le forçait d'en demander l'exécution aux Français.

Débats du par-
lement d'An-
gleterre. Le 20 novembre 1777, le parlement d'Angleterre ouvrit une session dont les débats
sont immortels par l'admirable caractère
qu'y déploya lord Chatam, et par les discours éloquens qui furent le testament politique de ce grand citoyen. On ne connaissait
pas encore la convention de Saratoga. Les
partisans du ministère exaltaient à l'envi les

victoires de Brandiwine, de German-Town,
la prise de Philadelphie et celle de Ticonderago. L'adresse de remercîment que, suivant
la coutume, on présentait au roi, était pleine
d'expressions enflées, comme si la gloire de
la nation anglaise et de son souverain eût
été égalée à celle des anciens conquérans de
l'univers. Le comte de Chatam refusa d'y
donner son suffrage. — « Je ne peux, je ne
» veux, milords, dit-il, féliciter le roi de
» ces succès apparens, insignifians; et peut-
» être funestes. Savez-vous quelle sera l'issue
» de cette campagne; par laquelle on croit
» avoir réparé les fautes et les malheurs des
» deux campagnes précédentes? Vous enten-
» drez bientôt les ministres avouer eux-mê-
» mes qu'on ne peut subjuguer l'Amérique.
» Quelle position solide, centrale, inatta-
» quable, s'est-on assurée au milieu d'un
» peuple aussi calme qu'opiniâtre dans son
» ressentiment? On a beaucoup souffert;
» on n'a rien gagné dans le cours de trois
» campagnes; et cependant nos ministres
» ont-ils épargné les efforts de la nation?
» ont-ils été avares de dépenses? ont-ils dé-
» daigné aucun genre de secours? Ils ont
» employé jusqu'à la massue et jusqu'au
» scalpel des sauvages de l'Amérique : voilà

» les armes qu'ils ont mêlées à celles des soldats anglais. » — Lord Suffolk entreprit de
justifier cette dernière mesure du gouvernement, et se servit de ces expressions :
*Nous avons pu nous servir sans honte et sans
crime des moyens que Dieu et la nature ont
mis entre nos mains.*

A ces mots, lord Chatam fut saisi de la
plus violente indignation, et voici en quels
termes il l'exprima :

« Je suis. étonné, milords, je suis at-
» terré d'entendre de tels principes profes-
» sés dans cette chambre, dans ce pays. Je
» ne croyais pas avoir à réclamer de nou-
» veau votre attention, mais je me sens forcé
» de parler : c'est notre devoir à nous' tous
» membres du parlement, à nous chrétiens,
» de nous élever contre cette barbarie.
» *Que Dieu et la nature ont mis entre nos*
» *mains !* Quelles idées· le noble lord se
» fait-il donc de Dieu et de la nature? Com-
» ment ose-t-on justifier, par la loi de Dieu
» et par l'Évangile, l'acte infâme de provo-
» quer les massacres de ces cannibales, qui
» déchirent, torturent, dévorent leurs vic-
» times, boivent leur sang, et se font un
» trophée de leur chevelure ! J'en appelle à
» ce banc sur lequel siégent des ministres

» éclairés de notre religion, pour la venger
» de cette inculpation sacrilége. Je somme
» les évêques d'interposer la sainteté de
» leur robe; les juges, d'interposer la pureté
» de leur hermine pour nous mettre à cou-
» vert de cette profanation; je vous somme,
» milords, de venger la dignité de vos an-
» cêtres, celle de votre caractère, et l'hon-
» neur de notre caractère national. Parmi
» les images qui décorent les murs de cette
» chambre, je vois celle de l'immortel an-
» cêtre du noble lord auquel je réponds;
» je vois lord Effingham, ce glorieux des-
» tructeur de l'Armada, frémir d'indigna-
» tion. En vain aura-t-il défendu la religion
» et la liberté de la Grande-Bretagne con-
» tre la tyrannie de Rome, si des horreurs
» plus condamnables que les plus cruels
» usages de l'inquisition sont introduites
» et consacrées parmi nous. Vous envoyez
» des cannibales altérés de sang, contre
» qui ?..... contre vos frères protestans.
» L'Espagne fit marcher dans les rangs de
» ses soldats, des chiens de guerre. . . . .
» Qu'elle ne se vante plus d'avoir tout sur-
» passé en barbarie. Nous avons déchaîné
» d'autres chiens de guerre contre nos com-
» patriotes, contre ceux qu'unissent à nous

» les liens les plus sacrés. Que les saints
» prélats de notre religion se hâtent d'ac-
» complir une cérémonie lustrale pour pu-
» rifier notre pays de cette souillure, de ce
» crime monstrueux. Milords, je suis vieux
» et faible, et ne puis plus en dire davan-
» tage; mais il m'était impossible d'en dire
» moins; je n'aurais pu ce soir poser ma
» tête sur mon oreiller, si je n'avais exhalé
» mon indignation. »

Toute l'assemblée avait paru partager les
sentimens que lord Chatam venait d'expri-
mer avec tant d'énergie. Cependant un
plan de conciliation avec l'Amérique, qu'il
avait présenté, fut rejeté à la majorité de
quatre-vingt-dix-sept voix contre vingt-huit.
Mais ses plus sévères prédictions furent
bientôt justifiées, et les ministres se virent
forcés de faire connaître au parlement la
convention de Saratoga. Les deux partis furent saisis d'une stupeur égale en apprenant
une disgrâce aussi humiliante. On baissait
les yeux, on gardait le silence. Les adversaires des ministres semblaient recueillir les
forces de leur indignation pour les terras-
ser d'un seul coup. Lord North, dont le
flegme dédaigneux allait quelquefois jusqu'à
feindre le sommeil pendant les philippiques

avec lesquelles on croyait le foudroyer ;
l'insensible lord North versa des pleurs , et,
changeant tout à coup de langage , préten-
dit qu'il n'avait conseillé des préparatifs de
guerre que pour donner plus d'efficacité à
des négociations ; il condamna tous les projets de taxe sur les Américains , et parla de
leur accorder plus de droits qu'eux-mêmes ,
avant la déclaration d'indépendance , n'en
avaient demandé. A la manière dont il
décelait ses terreurs et proposait des sacrifices, on jugea qu'il regardait la guerre
avec la France comme désormais inévitable.

L'humiliation que subissait le ministère
eût été bientôt suivie de sa chute, si l'événement d'une guerre maritime n'eût été envisagé diversement par les deux chefs les plus
considérés du parti de l'opposition , le
comte de Chatam et le marquis de Rockingham. Le premier désirait cette guerre,
comme le terme des affronts que sa patrie
supportait en silence depuis dix ans : ni
l'âge, ni les infirmités, ni l'approche de
la mort, ni la philosophie religieuse dont
il consolait ses derniers momens, ne modé-
raient sa haine nationale contre la France.
Édouard III, Henri V et Marlborough n'a-

Débats au par-
lement d'An-
gleterre sur
l'indépendan-
ce de l'Améri-
que:
1773

vaient pas été transportés d'une haine plus vive contre nos aïeux. Un sentiment d'horreur le saisissait dès qu'il entendait parler de flottes françaises, fussent-elles inactives dans les rades de Brest et de Toulon. Le traité de Paris lui avait été odieux, parce qu'il avait laissé quelques vaisseaux à la France. La guerre des colonies lui avait été plus odieuse encore, parce qu'elle faisait perdre le temps d'incendier nos vaisseaux, ou de les amener dans les ports de l'Angleterre. Son zèle pour la cause des Américains fut amorti dès qu'il espéra une guerre avec la France. Le temps était passé, suivant lui, de ne montrer aucune alarme; et reconnaître l'indépendance des Américains au moment où la France la reconnaissait, c'était éviter le combat au prix d'une ignominie.

Le marquis de Rockingham pensait, au contraire, que la politique et l'honneur prescrivaient de donner aux colonies la seule satisfaction qui pût les empêcher d'unir leurs armes à celles de la France; que toute diversion offrait un grand péril, quand la maison de Bourbon, secondée par la jalousie secrète ou déclarée de toutes les puissances maritimes, allait défier les forces navales de

l'Angleterre ; que toutes les troupes auxquelles on ferait traverser l'Atlantique pour
les porter encore une fois dans les déserts
du Canada ou sur les rivages tout armés des
États-Unis, manqueraient à la défense des
Antilles, des Îles-du-Vent, des possessions
vastes et mal assurées des Indes orientales,
enfin de l'Angleterre elle-même. Un traité
de commerce avec les États-Unis paraissait
au marquis de Rockingham un dédommagement heureux de tout ce qu'avait coûté leur
séparation de la métropole. Les ministres,
heureux de se ranger au parti du lord Chatam, et de répéter avec lui les termes d'un
accommodement devenu trop tardif, abandonnaient les inflexibles maximes des
Torys.

Ce grand débat, qui donnait une face
nouvelle aux délibérations du parlement,
allait se décider le 7 avril 1778. Le parti
de Rockingham se flattait d'un triomphe
que lord Chatam ne pouvait disputer, et
gémissait en même temps de la cause de son
absence. Depuis plusieurs jours ses souffrances ne lui avaient plus laissé de relâche :
l'Angleterre attendait dans la plus profonde
douleur le moment où elle apprendrait la
perte d'un homme qu'elle regardait comme

Dernier dis-
cours de lord
Chatam ; sa
mort.

son génie tutélaire. Le duc de Richemond
avait proposé de reconnaître l'indépendance
de l'Amérique. « N'envisagez plus, disait-
il, l'étendue de cette perte, mais considérez
combien elle est certaine. L'indépendance
de l'Amérique est établie comme celle de
tout autre État. Nos regrets seraient aussi
superflus, que si nous gémissions encore
d'avoir perdu autrefois la Normandie, la
Guyenne, et presque toute la France. »

Tandis que le duc de Richemond parlait,
on annonça lord Chatam : il n'avait pu résister au désir de venir assister de ses conseils sa patrie en danger. Il entra dans la
chambre des pairs, conduit ou plutôt porté
par son gendre et par celui de ses fils qui
devait bientôt succéder à sa gloire, à sa
puissance, à l'orgueil de ses vues et à sa haine
implacable contre les Français. A cet aspect
vénérable et touchant, tous les lords se lè-
vent. Il s'avance au milieu d'eux en les sa-
luant avec grâce et noblesse. Il était couvert
d'un riche habit de velours qui cachait la
flanelle dont tout son corps était enveloppé;
sa figure était pâle, sa maigreur effrayante,
mais ses regards brillaient encore de la
flamme du génie et du patriotisme.

Quand le duc de Richemond eut fini de

parler, lord Chatam se leva. « C'est la der-
» nière fois, milords, que j'entre dans ces
» murs où j'ai vu prendre tant de résolu-
» tions utiles à la gloire et à la prospérité
» de mon pays, et j'y entre accablé d'un
» chagrin qui me rend insensible à mes
» souffrances, à la mort que j'attends. Que
» nous sommes loin de ces jours où nous
» étions craints dans l'ancien monde et res-
» pectés du nouveau ! Par quelle série de
» fautes et de disgrâces a-t-on pu être ame-
» né au point d'entendre proposer dans
» cette chambre que l'Angleterre renonce à
» la souveraineté de l'Amérique ? Je rends
» grâces au ciel de ce que la tombe ne s'est
» pas fermée sur moi avant que j'aie pu
» élever ma voix contre le démembrement
» de cette ancienne et noble monarchie. Je
» voudrais retrouver assez de forces pour
» indiquer à mon pays quels efforts il faut
» faire, quelles mesures il faut suivre pour
» se soustraire à cette ignominie ; et je n'en
» trouve que pour vous dire combien elle
» me révolte, combien je trouve lâche de
» faire le sacrifice de nos droits, et d'aban-
» donner les possessions les plus florissantes.
» Un peuple si long-temps la terreur du
» monde va-t-il se prosterner aux pieds de

» la maison de Bourbon ? » Ici la voix de
lord Chatam s'altéra, et l'on remarqua
même un peu de confusion dans ses idées. Il
termina son discours par ces mots : « Tout
» parti, milords, vaut mieux que le déses-
» poir. Faisons un dernier effort ; et, si nous
» devons tomber, tombons en hommes. »

En répliquant à l'illustre vieillard, le duc
de Richemond déclara qu'aucun moyen ne
s'offrait à son esprit de pouvoir soutenir la
guerre contre la maison de Bourbon, si l'on
continuait celle des États-Unis. Il invita
lord Chatam à déclarer les mesures qu'il
pouvait concevoir. « Quel Anglais, ajouta-
t-il, résoudra un tel problème, s'il est au-
dessus du génie du noble lord ?

Le comte de Chatam voulait répondre
à cet appel ; mais, après avoir montré l'effort d'un homme, qui, travaillé d'une grande
idée, cherche l'expression la plus énergique, il éprouva une convulsion qu'on crut
être celle de l'agonie. Ses amis le prirent
dans leurs bras. Les pairs se séparèrent en
prononçant l'ajournement de ce débat. Lord
Chatam se ranima quelques momens après,
et put être transporté à sa maison de campagne, où il expira le 11 mai 1778, dans sa
soixante-dixième année. La nation anglaise

sentit profondément le vide que laissait
dans le conseil national la perte de ce
grand homme. Une mort que depuis six
mois chaque instant faisait craindre aux
Anglais, les frappa comme un coup im-
prévu. Lorsqu'on délibéra au parlement sur
les honneurs à rendre à sa mémoire, il ne
fut plus possible de distinguer ses amis d'a-
vec ses adversaires. Le plus beau des hommages qui lui furent décernés fut le bill
qui, pourvoyant avec magnificence au sort
de sa famille, acquitta les dettes de l'homme
d'État désintéressé qui avait doublé les richesses de la nation. Sa bienfaisance, et
non son faste, avait porté ses dettes jusqu'à
vingt mille livres sterling. Son fils eut la
gloire de laisser une même succession, après
une plus longue administration des revenus
de l'État. Lord Chatam différa en un point des
personnages les plus distingués du dix-huitième siècle : chacun de ceux-ci fut ou affecta d'être profondément pénétré de cette
bienveillance universelle qui paraissait préparer des jours nouveaux aux nations.
Toutes les facultés de l'esprit, toute l'énergie de l'âme, étaient subordonnées, chez
le premier Pitt, à un patriotisme arrogant,
impérieux, et, pour tout dire, insulaire.

V. 9

Il s'obstinait à supposer au faible Louis XV, à Louis XVI, plus faible encore, et surtout plus scrupuleux, un projet de monarchie universelle, que Louis XIV lui-même n'avait pas sérieusement conçu ; et, sous ce vain prétexte, il dirigeait les Anglais vers la domination exclusive des mers : il eut l'orgueil d'avouer cette prétention, d'en faire une loi pour son pays, pour ses rivaux, pour ses élèves. Que la guerre de sept ans se fût prolongée de sept ans encore, et son projet eût été sans doute accompli par lui-même, toutes les colonies tombaient sous le même vasselage ; tous les ports subissaient les mêmes affronts. Ce que le cours de la victoire eût donné alors à l'Angleterre, elle chercha, après lord Chatam, et sous la conduite de son fils, à l'obtenir par un cours de fraude politique. Ainsi les vertus de lord Chatam ne firent point le bonheur du monde, et l'Angleterre elle-même doit gémir à son tour de l'impulsion qu'elle reçut de ce génie audacieux. Depuis 1758, toute l'Europe obéit à deux mouvemens contraires : l'un, vif, indiscret, exagéré, qui tendait à unir les peuples dans la recherche d'une félicité générale ; l'autre, morne et taciturne, qui tendait à les diviser pour les amener à une humiliation commune. Dans le récit que je viens de faire des événemens qui préparaient la guerre d'Amérique, j'ai montré lord Chatam comme l'un des propagateurs de l'esprit de liberté dont cette guerre alluma les plus vives étincelles; mais il ne fut point en cela un homme du dix-huitième siècle : il fut un Anglais, un Wigh, un membre de l'opposition.

Le parlement, d'après l'autorité de lord Chatam, refusa de reconnaître l'indépendance des États-Unis de l'Amérique. Les ministres ne parlèrent plus des concessions qu'ils avaient proposées ; ils avaient atteint leur but, celui de ranimer l'orgueil de la nation. Les partis ne se divisèrent plus que sur les moyens de combattre la France avec plus d'énergie. On résolut de l'accabler avant qu'elle eût appelé des forces auxiliaires. La presse des matelots, loi de guerre qui se ressent à la fois de l'anarchie et du despotisme, fut exercée avec une rigueur proportionnée aux dangers de la patrie. Les Anglais virent sans ombrage lever parmi eux plus de troupes que leur gouvernement n'en avait employé pendant la guerre de sept ans. On fit de nouveaux traités avec ceux des princes d'Allemagne qui grossissaient leurs

trésors en vendant le sang de leurs sujets. Des
escadres, continuellement exercées et mon-
tées par des hommes qui avaient triomphé
dans les quatre parties du monde, promet-
taient de protéger de nombreuses colonies,
et de conquérir plusieurs de celles que l'Angleterre voyait, avec une jalousie toujours
croissante, au pouvoir de la France, de
l'Espagne et de la Hollande. On spéculait sur
les convois et les bâtimens de commerce qui
allaient devenir la proie d'innombrables frégates. Le crédit public fléchissait peu, parce
que les capitalistes étaient appelés, par les
calculs de l'intérêt, aux efforts du patriotisme. Ce qui surtout soutenait la confiance
des Anglais, c'étaient les témoignages d'une
admiration indiscrète que les Français, depuis vingt ans, ne cessaient de leur pro-
diguer.

La France re-
connaît l'indé-
pendance des
États-Unis.
Décembre.
1777.
La capitulation du général Burgoyne
avait mis un terme aux irrésolutions du cabinet de Versailles, mais sans le décider à
cette brillante audace par laquelle les Français devraient toujours annoncer leurs résolutions. Franklin avait habilement profité
du premier effet de joie et d'admiration
qu'avait produit sur la cour de France le
triomphe aussi complet qu'inopiné des mi-

lices américaines. Le représentant d'un
peuple victorieux fut accueilli à Versailles
avec une publicité et des honneurs que la
présence de l'ambassadeur d'Angleterre avait
long-temps interdits. Il présenta aux ministres un plan d'où pouvait résulter le coup
le plus accablant qu'eût encore reçu l'Angleterre ; ce plan lui avait été communiqué
par Washington. « Annoncez, disait Franklin, l'intention de secourir les Américains
quand vos flottes seront déjà dans leurs
baies et dans leurs ports. Faites ce que ferait
à votre place un ennemi qui, dans les deux
dernières guerres maritimes, vous a montré combien peu il était arrêté par des scrupules. Les Anglais s'obstinent à garder Philadelphie ; l'escadre de l'amiral Howe, qui
a remonté la Delaware, y reste dans une
situation aussi incommode que périlleuse :
qu'une escadre française, en lui fermant toute
retraite, vienne la chercher, et la brûler dans
ces parages. » Mais Louis XVI ne pouvait se
décider à une agression aussi violente. Quoiqu'il fût impossible de justifier autrement
que par la raison d'État une guerre dont il
faisait depuis deux ans les préparatifs, il
voulait que des hostilités exercées par les
Anglais lui fournissent un prétexte ; au lieu

d'accabler l'Angleterre, on fit tout pour l'impatienter.

Les préliminaires d'un traité d'amitié et de commerce avec les États-Unis d'Amérique furent signés le 16 décembre 1777. Ce traité fut conclu le 7 février de l'année suivante. Le marquis de Noailles, ambassadeur de France en Angleterre, fut chargé de le notifier à cette puissance, en donnant l'assurance dérisoire qu'un tel acte ne changeait rien aux dispositions pacifiques de sa cour. Les Anglais n'avaient jamais été crédules; nous venons de voir qu'à cette époque ils cessèrent d'être timides. Ils profitèrent de l'avertissement qui leur était donné, et la cour de France eut à regretter d'avoir différé une agression qui, entreprise trois mois plus tôt, pouvait faire oublier à la marine française un siècle entier de revers. Les ambassadeurs de France et d'Angleterre avaient été réciproquement rappelés par leurs cours.

La France s'était relevée de la langueur et de la mollesse qui avait suivi la corruption progressive du règne précédent. Sous l'empire d'une jeune cour elle brillait de jeunesse; elle avait l'ardeur et les vives espérances de cet âge, mais elle en avait

aussi la mobilité et l'irréflexion : elle avait
désiré la guerre ; le gouvernement paraissait l'accorder à ses vœux ; mais, à l'approche de ce grand événement, personne ne
pouvait découvrir quel homme d'État donnerait de l'ensemble à des opérations compliquées et lointaines. Ce n'était pas d'un
monarque irrésolu, entraîné à la guerre
sans être guerrier, qu'on devait attendre
une direction énergique et constante. Le
comte de Maurepas, premier ministre, sans
titre et sans volonté, dont les secrétaires
d'État craignaient plutôt les railleries que la
surveillance, n'exerçait ni ne laissait exercer
cette action centrale, sans laquelle les opérations brillantes manquent d'utilité, et les
combinaisons habiles d'harmonie. Il ne
sentait pas assez, ce vieillard futile, que,
par un singulier enchaînement de circonstances, le destin de la monarchie allait se
décider dans cette guerre commerciale ;
que, vive, ardente et prospère, elle pouvait
sauver les finances ; et qu'elle en rendait le
désordre irréparable, si des efforts dispendieux ne conduisaient qu'à des succès équivoques. Il ne sentait que faiblement combien le nouveau règne avait besoin d'être
affermi par le patriotisme et par la gloire ;

combien il importait que la nation française, fière d'elle-même, de ses généraux
et de sa marine, et satisfaite des richesses
qu'elle aurait conquises, se lassât d'admirer
et d'imiter les Anglais.

Avant de présenter le tableau très-com-
pliqué de cette guerre maritime, je dois
rendre compte de quelques faits particuliers
que l'ordre chronologique réclame ici; mais
j'en réserve quelques-uns pour le dix-sept-
tième Livre, où j'examinerai plus spécialement les mœurs de la nation.

Différentes
sortes de dé-
bats en Fran-
ce.
1777
et 1778.
L'esprit polémique régnait en France;
l'activité du caractère se consumait dans des
disputes; le talent se prodiguait dans des
pamphlets. Quelque intérêt que l'on prît à
la grande querelle des États-Unis et de
l'Angleterre, les cercles de la capitale n'é-
taient guère moins occupés d'un débat qui
s'était élevé entre les admirateurs exclusifs
de deux célèbres musiciens, Gluck et Pic-
cini, l'un et l'autre appelés en France par
la reine. Cette dispute eut le bizarre effet
de jeter la division dans le parti philosophique, et de livrer à des haines fâcheuses
les sociétés qui se piquaient le plus d'urba-
nité et de bienveillance. Le parlement de
Paris faisait brûler de temps en temps des

écrits philosophiques , et inquiétait par des décrets d'ajournement personnel (des auteurs que cette disgrâce rendait subitement célèbres. Les économistes regagnaient du terrain sur leurs adversaires. L'un d'eux , l'abbé Beaudeau , appelé devant un tribunal, avait su intéresser un nombreux auditoire au développement d'une doctrine un peu obscure. Importuné du bruit que faisait ce plaideur dogmatique , le gouvernement lui fit gagner son procès , et l'exila.

Les militaires écrivaient sur leur art. Un homme qui, par la multiplicité de ses prétentions ambitieuses , abusait des ressources d'un esprit vif et fécond , le comte de Guibert, énonçait des principes de tactique que d'autres officiers réfutaient avec animosité. Beaucoup d'oisifs disputaient sur l'*ordre mince* et sur l'*ordre profond.* Le prince de Montbarey, qui avait succédé au comte de Saint-Germain dans le département de la guerre , n'avait pas, à beaucoup près, calmé tous les débats sur la discipline militaire. Une seule opération de son prédécesseur avait été sanctionnée par la voix publique ; c'était la suppression de la peine de mort pour le délit de la désertion.

Les débats du corps de la marine étaient

fort multipliés ; l'*épée* y luttait contre la *plume*, c'est-à-dire, les marins guerriers contre ceux qui étaient chargés des détails d'administration ; les marins nobles contre les roturiers, et les vieux marins contre ceux qui, protégés par la cour, étaient appelés les *intrus*. Le ministre Sartines tenait, d'une main incertaine, la balance entre ces partis, et les plus opiniâtres la faisaient pencher en leur faveur.

Le corps diplomatique continuait d'être divisé entre les partisans et les adversaires du système autrichien. Le comte de Broglie, Ségur et Favier avaient repris avec le roi cette correspondance dont Louis XV avait lâchement souffert que le duc d'Aiguillon pénétrât et punît le mystère. C'étaient eux qui avertissaient le roi des projets ambitieux des cours du nord, et particulièrement de l'Autriche *.

* Un autre agent diplomatique employé secrètement par Louis XV, et auquel Louis XVI donna aussi sa confiance, le chevalier d'Éon, exerça singulièrement la curiosité et la gaieté des Français.

Cet être équivoque, dont le sexe a été l'objet de si longues disputes, avait été tour à tour, et quelquefois simultanément, occupé des travaux d'un diplomate, d'un érudit, d'un homme d'État, d'un jurisconsulte et d'un militaire.

Aucun des ministres ne jouissait alors d'une considération égale à celle de Necker, qui n'avait pas même le titre de secrétaire d'État. En cherchant, par une surveillance

Peu de ses contemporains s'étaient livrés à des études et à des exercices plus virils. Son esprit avait de la justesse, et même de la profondeur sans élégance. Sa constitution était forte, endurcie à toute espèce de fatigue ; sa figure avait une rudesse repoussante : son caractère s'était montré difficile, querelleur, opiniâtre. Capitaine de dragons pendant la guerre de sept ans, il avait fait, avec sa compagnie, un corps de huit cents hommes prisonnier. Un défaut se mêlait à son courage : c'était une impatience qui le rendait presqu'un duelliste de profession ; il excellait dans les armes. De telles habitudes semblaient le rendre peu propre à la carrière diplomatique ; elle fut pourtant le principal objet de ses soins et de son ambition. Il avait fait en Russie plusieurs voyages, moins comme un agent diplomatique avoué, que comme un espion. Dans un de ces voyages, il avait paru sous des habits de femme. Ses services avaient été récompensés, après la paix de 1763, par l'emploi de ministre plénipotentiaire de la cour de France auprès de celle d'Angleterre. L'arrivée d'un ambassadeur français, le comte de Guerchi, le fit rentrer dans un rôle subalterne : il ne s'y résigna point sans murmure. Il devint, par des provocations de tout genre, un adversaire dangereux du comte de Guerchi, dont la conduite envers lui parut arrogante et même peu loyale. Louis XV, pris pour arbitre dans ce débat, que les

active des détails, la réputation d'un économe probe et vigilant, il cachait ce que
son système de finances avait de périlleux.
On admirait ses opérations sans en con-

Mémoires injurieux du chevalier d'Éon prolongeaient et
envenimaient, approuva tout haut son ambassadeur, et
chargea, en secret, le chevalier d'Éon de le surveiller
avec plus de rigueur que jamais. Une pension de douze
mille francs fut le prix de cette mission et d'une correspondance dans laquelle Louis XV dévoilait (du moins
on l'a ainsi supposé) les secrets les plus intimes de sa
politique. Louis XVI, et surtout le comte de Maurepas,
furent curieux de connaître ces secrets, comme si les
pensées d'un roi qui pouvait bien faire épier ses ministres,
mais non les diriger, eussent dû fournir des lumières
bien précieuses. Beaumarchais, que sa gaieté, ses aven-
tures et ses intrigues rendaient cher au comte de Maurepas, fut chargé de négocier auprès du chevalier d'Éon
la remise de ces lettres. Peu de jours après son arrivée à
Londres, les doutes qui avaient été jetés quelquefois sur
le sexe du chevalier d'Éon, se réveillèrent, furent ap-
puyés ou démentis par des témoignages contradictoires,
et donnèrent lieu à un de ces paris bizarres par lesquels
les Anglais croient signaler leur originalité. Le respect
pour un militaire décoré de la croix de Saint-Louis,
pour un personnage qui avait rempli les fonctions
de ministre plénipotentiaire, pour le laborieux écrivain de treize volumes extrêmement sérieux, n'empêcha point de faire de ce pari une discussion juridique.
Des juges anglais eurent l'indécente et téméraire con-

naître la base, comme on remplissait ses
emprunts sans en connaître l'hypothèque.
Son influence se faisait sentir jusque dans
des actes de législation qui semblaient ap-
partenir au chef suprême de la justice. Le
garde des sceaux, Huë de Miromesnil, ne
jouait qu'un rôle insignifiant, conforme à
la médiocrité de ses talens et à la faiblesse
de son caractère. Necker eut la gloire d'inspirer à Louis XVI un des actes les plus honorables de son règne : il fit rendre un édit
qui affranchissait tous les mainmortables

fiance de prononcer que le chevalier d'Éon, qui n'était
point leur justiciable, était une femme. Le comte de
Maurepas voulut amuser Paris d'une discussion qui
avait réjoui Londres. Beaumarchais eut l'art d'y amener
le chevalier d'Éon. Il paraît que celui-ci s'attendait,
pour prix du sacrifice qu'il venait de faire des lettres de
Louis XV, à être reçu à la cour avec des honneurs qui le
vengeraient du débat impertinent qu'il avait fait naître
en Angleterre ; mais, par une intrigue dont on ne peut
expliquer ni la marche ni les motifs, on le vit inopinément se présenter sous des habits de femme. Les Français prirent le parti de rire d'une Clorinde sans jeunesse
et sans attraits, et la chevalière d'Éon, attachant à une
robe la croix de Saint-Louis, parut bien un être extraordinaire, mais toujours un être fort équivoque, dont
on soupçonnait que l'organisation participait un peu des
deux sexes.

des domaines du roi, et qui abolissait dans
tout le royaume le droit de suite, reste honteux de la servitude de la glèbe. En vertu
de ce droit, les seigneurs de fiefs à mainmorte réclamaient l'héritage d'un homme
né dans l'étendue de leur seigneurie, lors
même que, absent depuis plusieurs années,
il avait porté son industrie sur un territoire
franc. Voltaire, qui régnait sur une génération imbue de l'esprit philosophique,
avait été le provocateur de cette loi bien-
faisante. Il avait embrassé la cause de pauvres paysans de la Franche-Comté, qui, sous
le nom de *mainmortables*, étaient opprimés
par l'opulente abbaye de Saint-Claude : rarement ils recueillaient le prix des travaux
de leurs pères. Les moines, qui les considé-
raient et les traitaient encore comme leurs
serfs, trouvaient mille prétextes, dans les
droits perfidement obscurs de la mainmorte,
pour s'emparer de leurs modestes héritages.
Voltaire goûta le double bonheur de défendre les droits de l'humanité et d'attaquer
l'avarice des moines. Il éleva des doutes sur
les titres dont ceux-ci se prévalaient, et défendit si bien les serfs du Mont-Jura, que,
même en Pologne et en Russie, on paraissait s'intéresser à leur cause. L'obstination

avec laquelle l'abbé de Saint-Claude voulut
maintenir un droit odieux, fit oublier à des
esprits prévenus ce que la religion avait
fait autrefois pour amener l'abolition de la
servitude. Cette affaire fut portée devant
le parlement de Besançon, qui prononça
pour l'abbé de Saint-Claude; mais l'édit de
Louis XVI donna aux mainmortables de la
Franche-Comté le droit d'habiter avec sécurité tout autre partie de la France. La
mainmorte existait encore en 1789 dans plusieurs domaines particuliers. Necker avait
craint de promulguer des principes absolus
qui eussent renversé violemment les débris
faibles, mais nombreux, du système féodal.

Un voyage que fit en France l'empereur
Joseph II, fit naître d'abord beaucoup de
conjectures politiques qui ne furent point
justifiées, et bientôt intéressa les Français
sous d'autres rapports. Ce monarque n'avait
été déterminé à l'entreprendre que par le
désir de venir puiser, au centre de la civilisation européenne, les moyens de donner
une splendeur nouvelle et un nouveau mouvement à ses États. Pour éviter la dépense
et l'importunité d'une représentation digne
du trône, il voyageait sous le nom du comte
de Falkenstein. Il usa d'abord avec grâce de

Voyage
de l'empereur
Joseph II en
France.

ce commode incognito, qui fournit à toutes
les classes de Français les moyens de payer
des tributs délicats à l'auguste voyageur. La
reine vint au-devant de son frère, sous le
prétexte d'une partie de chasse dans la forêt
de Bondi : elle traversa Paris dans un équipage léger et découvert, avec le plus élé-
gant cortége. L'empereur goûta vivement le
plaisir de cette entrevue, et sourit à l'empressement d'une cour aimable. Une pluie
qui survint, loin de déranger cette partie de
plaisir, en rendit le désordre plus piquant
et plus gai. La reine et ses jeunes amies
riaient d'un contre-temps fâcheux pour tant
de parures brillantes. Ce cortége traversa de
nouveau Paris vers le soir, et entendit sur
son passage les cris de l'allégresse la plus
franche.

'L'empereur passa six semaines dans la
capitale de la France avec une simplicité
que le peuple regardait comme l'attribut
d'un bon roi, et dans laquelle plusieurs personnes voyaient une imitation ambitieuse
du roi de Prusse. Il occupait, dans un hôtel
garni, un appartement à peine digne d'un
officier de sa cour. Allait-il à Versailles, il
semblait se faire un jeu de déconcerter le
roi son beau-frère par des surprises fort

gênantes. Quelquefois il assistait à son dîner comme un étranger confondu dans la foule ; il attendait une audience jusque dans l'anti-chambre des ministres, et sans se faire an-noncer : il respectait les droits des premiers arrivés. La reine, pour s'entretenir plus long-temps avec lui, et pour lui rendre la cour plus agréable, faisait gaiement le sacrifice de quelques lois d'étiquette dont elle appre-nait chaque jour à se jouer davantage. Il visitait, avec deux ou trois personnages de sa suite, tous nos monumens et nos établisse-mens publics, s'entretenait familièrement avec ceux qu'il y rencontrait, et ne crai-gnait pas, devant des Français, de paraître un peu frondeur. Il admirait l'Hôtel des In-valides, et ne contenait ni sa douleur ni son indignation en voyant dans l'Hôtel-Dieu, hôpital magnifiquement doté, un malade, un mourant, un mort, gisant dans un même lit, Ce fut lui qui attira le premier l'attention du public et de la cour sur une école que l'abbé de l'Épée avait établie pour les sourds-muets, et dans laquelle ce vertueux ecclé-siastique s'attachait à faire participer aux bienfaits et aux travaux de la société, des êtres privés de l'organe le plus nécessaire à l'intelligence. Quoique cet établissement ne

fût pas alors ce qu'il est devenu par les combinaisons plus savantes du successeur de
l'abbé de l'Épée, l'empereur Joseph II en
parla avec un intérêt qui faisait honneur à
son âme. Les jugemens qu'on recueillait de
lui avaient en général plus d'originalité que
de justesse; il semblait prendre soin de fournir chaque jour aux entretiens de Paris cinq
ou six anecdotes nouvelles. On citait de lui
des reparties assez gaies, et d'autres d'une
délicatesse tout-à-fait française. Sa figure,
habituellement grave, s'embellissait quelquefois par un sourire aimable. Quoiqu'il se
fût expliqué du ton de la colère ou du mépris sur les derniers ministres de Louis XV,
il eut la curiosité d'aller voir la comtesse
Dubarry dans sa jolie maison de Lucienne,
et fut plus respectueux devant la maîtresse
d'un roi libertin, que le czar Pierre ne l'a-
vait été devant la veuve de Louis XIV. Tous
ceux qui avaient parlé au *successeur des
Césars* avec une liberté que les rois accor-
dent rarement, vantaient en lui un Marc-
Aurèle. *Heureux*, disait-on, *les peuples
dont le souverain aime à se montrer sans
appareil, fuit le repos, cherche avidement
l'instruction, vient au-devant des plaintes
du peuple, et consulte les sages !* Quoique

la simplicité des mœurs et des goûts fût plus naturelle dans Louis XVI que dans Joseph II, et qu'elle y fût complétement exempte de tout artifice secret de la vanité, le premier de ces monarques perdait tout dans le parallèle qu'on faisait de lui avec son beau-frère : « L'un, disait-on, nous laisse opprimer et se laisse gêner par un luxe qu'il condamne ; l'autre, après l'avoir écarté de sa personne, sait aussi le bannir de sa cour : l'un plaint ses sujets, et l'autre les soulage : l'un n'a jeté qu'un coup d'œil superficiel sur les grands monumens de sa capitale ; l'autre visite tout, jusqu'aux ateliers, jusqu'aux hôpitaux, jusqu'aux prisons d'une capitale qui n'est point la sienne. Pourquoi ne voit-on jamais le roi accompagner son beau-frère dans ces courses où l'empereur étudie tout ce dont les souverains ne sont jamais assez instruits par leurs ministres ni par leurs courtisans.* ?

Des deux frères du roi, l'un, Monsieur, venait de faire un voyage dispendieux dans les provinces du midi et de l'ouest ; l'autre, le comte d'Artois, se proposait de voyager

---

* Ces remarques s'offraient si naturellement aux esprits, qu'elles étaient indirectement exprimées dans des pièces de vers où l'on voulait flatter l'empereur.

avec un train encore plus somptueux. On rapporte que le roi, n'osant refuser la demande de son jeune frère, mais voulant l'exciter à la modérer, témoigna, en présence de ce prince, sa surprise au comte de Falkenstein du faible cortége dont il était suivi : *Il m'est arrivé souvent*, reprit le fils de Marie-Thérèse, *de voyager avec moins de suite. — Eh bien!* reprit le roi en riant et en montrant le comte d'Artois, *voilà un jeune gentilhomme qui me demande cent cinquante chevaux pour aller à Brest.* Le comte d'Artois n'en obtint pas moins pour son voyage tout le train qu'il avait demandé.

Le comte de Falkenstein rappela quelquefois à sa sœur, d'une manière ingénieuse et touchante, la simplicité de là cour de leur mère; et le souverain, à la vue de mille superfluités fastueuses, disait : *Que de choses dont nous n'avons pas besoin à Vienne!* Jamais la reine ne fut applaudie avec plus d'enthousiasme que lorsqu'elle parut au

Le quatrain suivant, malgré sa dureté choquante, fut répété de tout Paris :

A nos yeux étonnés de sa simplicité,
Falkenstein a montré la majesté sans faste;
Chez nous, par un honteux contraste,
Qu'a-t-il trouvé? du faste; et point de majesté.

spectacle à côté de son frère ; on semblait lui dire : Voyez comme nous savons apprécier la grandeur d'un souverain qui fuit le luxe et ménage son peuple !

Quoique l'auguste voyageur se fût imposé la loi de respecter l'opinion du jour, il lui arriva une fois de la contredire, et on lui en sut mauvais gré. Dans un cercle où il montrait un grand désir de plaire, une dame venait d'exalter les principes du congrès, et la courageuse patience des milices américaines. Piquée du silence que gardait le comte de Falkenstein, elle osa l'interroger sur son opinion : Qu'en pensez-vous, M. le comte, lui dit-elle, et quel parti tenez-vous ? *Eh ! mais, madame,* répondit-il, *mon métier à moi est d'être royaliste.* Cette réponse, aussi adroite que judicieuse, jeta un peu d'alarme dans les sociétés : on craignait que Louis XVI ne fût averti d'examiner en royaliste les principes des insurgens.

La déférence de l'empereur pour une mère pieuse qui voulait bien partager avec lui le gouvernement des États héréditaires, mit des bornes à l'empressement qu'il avait de converser avec les philosophes français. Lorsqu'on apprit qu'en poursuivant son voyage il se dirigeait vers Genève, on ne

douta point qu'un prince ami de la gloire
n'allât voir Voltaire à Ferney. Une telle visite n'était pas seulement considérée comme
un événement littéraire : on y attachait les
conséquences politiques les plus étendues.
Joseph II, en entrant à Ferney, eût paru
mettre un vaste empire sous la protection
de la philosophie : il s'en abstint, soit par
fierté, soit par circonspection. Instruit des
préparatifs que l'illustre solitaire avait faits
pour le recevoir, il eut la cruauté de les rendre
inutiles. Voltaire en ressentit un chagrin assez vif; cependant il prit soin de justifier
l'empereur de ce manque d'égards. Suivant
lui, la familiarité indiscrète de quelques Génevois avait excité l'impatience du monarque. Il est bien vrai que Joseph II, en vi-
sitant les provinces de France, parut souvent fatigué d'un incognito qui l'exposait à
une curiosité importune : alors il s'annonçait
comme un souverain altier, et quelquefois
comme un souverain jaloux. Ce fut surtout
à Lyon et à Bordeaux qu'il laissa éclater
son dépit. Le parallèle de ces deux villes
florissantes avec sa capitale semblait l'attris-
ter. Des mots pleins d'humeur et d'injustice, qui lui échappèrent, détruisirent un
peu l'effet qu'avait produit à Paris son adroite

simplicité. Cependant il résulta de son voyage un effet fâcheux pour le roi son beau-frère et pour sa sœur : le public, depuis ce temps, fut disposé à condamner avec une sévérité immodérée le luxe de la cour.

Une dispute qui s'éleva dans l'hiver de 1778, entre deux princes du sang, manifesta les fâcheuses dispositions de ce public. La reine, les princes et les princesses se rendaient souvent, à Paris, au bal masqué de l'Opéra. Dans une de ces réunions tumultueuses, madame la duchesse de Bourbon, à la faveur du masque, fit des plaisanteries amères au comte d'Artois, également masqué. Irrité, il déchira le masque de la princesse, et sortit. Le duc de Bourbon résolut de venger l'outrage fait à sa femme. Les courtisans réglèrent entre eux des formes particulières pour un duel de cette nature. Le roi, en le désapprouvant, n'osa l'empêcher, ou du moins il souffrit que d'apparentes précautions qu'il avait prises pour le prévenir fussent éludées. Les princes se battirent, et furent bientôt séparés par les témoins : ni l'un ni l'autre n'avait reçu de blessure ; ce résultat déplut. Le public se déclara contre le comte d'Artois ; et, comme la reine avait pris parti pour lui, elle eut part à cette

Duel entre le comte d'Artois et le duc de Bourbon. 1778.

espèce de disgrâce : en se montrant dans sa loge à l'Opéra, elle entendit, pour la première fois, des murmures.

Un événement plus digne d'occuper la capitale fit bientôt oublier cette aventure de cour; cet événement était l'arrivée de Voltaire à Paris. Il s'était bien gardé de négocier un retour qui, annoncé d'avance, eût soulevé contre lui le clergé et la magistrature, ou du moins les vieux évêques et les vieux conseillers. Quoiqu'il eût souvent protesté, contre l'opinion où l'on était, que sa retraite sur les bords du lac de Genève était un exil, on regardait comme une sorte de convention tacite entre le gouvernement et lui, qu'il fût toujours absent, s'il ne voulait être formellement exilé. Cette étrange espèce de capitulation était tout-à-fait dans la politique et dans le caractère de Louis XV. Le jeune successeur de ce monarque, plus intimement religieux, mais aussi plus porté à s'effrayer de tout ce qui pouvait blesser l'opinion publique, n'eût jamais osé interdire l'approche de Paris au poëte qui était l'honneur de la France. Si Voltaire ne profita point, pour revoir la capitale, de la faveur que le ministère de Turgot et de Malesherbes répandait sur son parti, ce fut sans doute dans la crainte d'irriter par sa présence les ennemis de ces ministres. Il fut consterné en apprenant leur disgrâce; mais il reconnut bientôt que le parti philosophique avait acquis assez de force pour réparer cet échec. L'élévation de Necker avait surtout ranimé sa confiance. Il était impossible qu'un protestant ne prêtât point quelque appui au courageux défenseur des Calas et des Sirven. Le comte de Maurepas avait autrefois figuré parmi les plus aveugles détracteurs du talent de Voltaire ; mais il n'osait plus se déclarer contre un homme qui savait mieux que lui lancer le ridicule. Les lettres de cachet étaient alors infailliblement détournées par la crainte de quelques traits satiriques. Voltaire, fidèle à sa coutume de se faire du théâtre un rempart contre l'autel, prétendait n'être venu à Paris que pour voir la représentation d'*Irène,* sa dernière tragédie.

De tous les événemens que je retrace, il n'en est point dont les plus légères circonstances soient mieux gravées dans la mémoire que les scènes brillantes dont se composa le dernier séjour de Voltaire à Paris. Je crois devoir faire ici une remarque qui peint le dix-huitième siècle tel qu'il fut jusqu'à sa grande catastrophe. Quand j'en expose les faits militaires et politiques, je m'adresse à une génération qui les connaît peu ou qui les a promptement oubliés. Si quelques anecdotes littéraires me semblent devoir entrer dans le plan de mon ouvrage, je les trouve si familières à tous les esprits, qu'il me suffit de les indiquer.

Un triomphe semblable à celui que les pontifes de Rome décernèrent souvent à des hommes de génie, n'eût pas été plus flatteur, plus enivrant pour Voltaire que les hommages variés dont il fut l'objet pendant trois mois. Dans la maison où il logeait, celle du marquis de Villette *, il n'était entouré que d'un cercle d'adorateurs. Là, comme à Ferney, il voyait des personnes qui devaient leur bonheur à sa bonté vigilante. Il goûtait le plaisir d'être réuni à son vieux ami le comte d'Argental, dont toute la vie n'avait été qu'un dévouement à ses intérêts et à sa gloire. Il s'entretenait avec d'Alembert des souvenirs et des espérances qu'éveille une longue fraternité de parti. Diderot, qui, dans son athéisme fougueux, avait souvent

---

* Le marquis de Villette venait d'épouser mademoiselle de Varicourt, que Voltaire traitait comme sa fille adoptive, et à laquelle il donnait le surnom de *Belle et Bonne*.

murmuré de ce qu'il appelait le *cagotisme*
de Voltaire, concourait au triomphe qui lui
était préparé comme à celui de la raison hu-
maine. Deux littérateurs distingués, Mar-
montel et Laharpe, lui rendaient les soins de
la reconnaissance et d'une sorte de piété
filiale. Les philosophes, les poëtes, les savans,
les artistes de tout genre, le voyaient, l'en-
tretenaient, le louaient avec transport, et
recevaient de lui des mots flatteurs qui devenaient leurs plus beaux titres. Le regard
de Louis XIV n'avait pas produit plus
d'effet sur une cour dont il était adoré, que
n'en produisait le regard étincelant de Voltaire sur tous ceux qui aspiraient à la gloire
ou qui savaient l'apprécier. Il ne parut jamais plus attendri que dans une entrevue
qu'il eut avec Turgot. *Laissez-moi*, lui disait-il, *baiser cette main qui a signé le
bonheur du peuple.* Franklin vint l'entretenir de la destinée et des institutions de sa
patrie, et le pria de bénir son petit-fils. Voltaire, exalté par un si touchant hommage,
prononça sur la tête de l'enfant ces paroles
solennelles : *Dieu et la liberté; voilà la
bénédiction qui convient au petit-fils de
Franklin.*

On agitait à la cour si Voltaire y serait

présenté. Séduite par l'éclat d'une si grande renommée, la reine cherchait à vaincre l'éloignement du roi pour le philosophe incrédule ; elle ne put y parvenir, mais elle ne laissa point ignorer à Voltaire quel eût été son bonheur de parler à l'auteur de *Mérope* et de *Zaïre*. Les courtisans, et même quelques-uns des princes, n'étaient point arrêtés, dans le désir de le voir, par l'opinion personnelle du moins impérieux des monarques. Le maréchal de Richelieu, heureux de saisir une occasion de se réconcilier avec le public, qui lui pardonnait peu les scandales d'un libertinage suranné, et la part qu'il avait eue à la longue corruption du règne précédent, le maréchal de Richelieu s'efforçait de paraître l'ami sincère d'un poëte dont il avait été le protecteur tiède et suspect.

Le soin de plaire à tant de personnages divers, et de surpasser toujours, par la vivacité de son esprit, l'attente de ses admirateurs, n'empêchait point Voltaire de se livrer à des travaux aussi variés et aussi assidus que ceux dont il occupait sa solitude. Au bout de quelques semaines il parut succomber à un excès de fatigues qui aurait accablé l'homme même de la constitution la plus

robuste. Un crachement de sang qu'il éprouva
avec beaucoup de violence, fit craindre pour
ses jours. Paris était en alarmes ; on se re-
prochait de n'avoir pas rendu des honneurs
assez éclatans à un vieillard qui semblait,
par la pureté de son goût, et surtout par son
génie, le représentant du siècle de Louis XIV;
tandis que, par la hardiesse de ses opinions
et l'éclat de son esprit, il était le guide et le
mobile du siècle présent. Le clergé voulut
profiter de la maladie de Voltaire pour obtenir de lui le désaveu de ses erreurs. Christophe de Béaumont, ce prélat tantôt persé-
cuté, tantôt persécuteur, impitoyable ennemi des jansénistes, ennemi constant,
mais plus modéré, des philosophes, vivait
encore, et sa bienfaisance avait fait oublier
ses emportemens religieux. Il avait gémi de
l'arrivée de Voltaire à Paris, mais il n'a-
vait osé demander son exil ; et d'ailleurs
Louis XVI ne l'eût jamais signé. Il résolut,
avec le curé de Saint-Sulpice, de ne présenter à Voltaire, qu'on croyait mourant, que
des motifs de paix ; et de flatter son amour-
propre pour l'amener à s'humilier profondément. Celui-ci hésitait peu à remplir des
devoirs extérieurs de la religion, quand il
voyait son repos compromis. Sa facilité à

s'approcher de la sainte table avait souvent paru aux hommes religieux un sacrilége, et à ses disciples une sorte d'apostasie. Il fit venir en toute hâte un chapelain, entre les mains duquel il laissa une profession de foi plus socinienne que catholique : le clergé fut mécontent, les philosophes l'étaient encore plus ; mais Voltaire guérit inopinément, et rétracta en riant son faible désaveu.

Triomphe de Voltaire.

La joie de le revoir exalta presque toutes les classes de la société. On l'attendait au théâtre, à ce lieu que, depuis plus de soixante ans, il avait rempli de sa gloire : on y donnait la troisième représentation d'*Irène*. Une foule immense était répandue sur le quai où il logeait. Ses disciples et lui-même éprouvèrent beaucoup de joie en voyant combien son nom, et même ses écrits, étaient connus de la multitude. Voilà pourtant ce qui devait être pour eux un sujet d'effroi ; ils ne retrouvèrent que trop, en d'autres temps, cette populace ignorante qui croyait avoir compris Voltaire, et ils eurent à frémir des prétendues lumières de la multitude. De plus nobles, de plus dignes admirateurs firent entendre leurs acclamations quand Voltaire parut dans une loge à la Comédie Française. Jamais le vaste théâtre d'Athènes n'offrit un tableau plus imposant que cette salle peu spacieuse où la brillante élite du peuple français remerciait Voltaire, non-seulement d'avoir fait *Mérope*, *OEdipe*, *Alzire*, mais d'avoir défendu les Calas et les serfs du Mont-Jura. Une couronne lui fut présentée dans sa loge, et ce fut le prince de Beauvau qui la posa sur sa tête. *Irène* fut vivement ap-plaudie, et c'était la première fois que des spectateurs français applaudissaient une faible tragédie par le souvenir de plusieurs chefs-d'œuvre. Le buste de Voltaire fut couronné par les comédiens, fiers de se trouver les interprètes d'un vœu national. A la sortie du spectacle, tout s'empressa pour le voir de plus près, pour jouir de son émotion et en redoubler l'ivresse. Les hommes les plus distingués du royaume venaient tour à tour le soutenir; on baisait ses vêtemens, on tombait à ses pieds. *Vous voulez donc, disait le vieillard, me faire mourir de plaisir?* Ces acclamations le suivirent jusqu'à sa demeure. Il s'entendait bénir de tous ses ouvrages, de la *Pucelle d'Orléans* comme de la *Henriade*.

Le public fit éclater les mêmes transports quand Voltaire vint assister à une séance de l'académie française, de ce corps où, par

la fécondité et la diversité de ses productions, il semblait tenir la place de dix auteurs classiques. Avide de ces honneurs, il
eut une fantaisie qui pouvait paraître pué-
rile chez un octogénaire, mais qui n'était
pas sans intention chez un homme de parti :
c'était d'être reçu parmi les francs-maçons,
société bizarre qui remonte, dit-on, au
temps de la destruction des Templiers, et
qui, dépositaire d'un insignifiant secret, va-
rie de forme et d'objet, suivant les circonstances; se voue au plaisir, à la bienfaisance,
et surtout aux devoirs de l'hospitalité dans
les temps calmes, et aux discussions hardies,
aux intrigues dangereuses dans les temps où
se préparent les orages politiques. Les philosophes alors s'en étaient rendus maîtres;
ce fut là que l'auteur qui avait le plus cherché à inspirer l'humanité, fut remercié au
nom du genre humain.

Sa mort.   Ces émotions ravissantes épuisèrent ses
forces. Il tomba dangereusement malade,
et se rendit cette fois inaccessible aux ministres de la religion : il expira le 30 mai 1778,
âgé de quatre-vingt-quatre ans. L'autorité
ecclésiastique prétendait toujours avoir le
droit d'exercer un jugement sur les morts,
en accordant ou en refusant la sépulture. Le

parlement de Paris avait beaucoup restreint
ce droit en faisant cesser les persécutions de
l'archevêque de Paris contre les jansénistes
mourans ou expirés. Il paraissait reconnu
que les prêtres ne pouvaient plus se rendre
juges des derniers sentimens de tous ceux
qui sont nés dans la religion catholique , ni
déclarer les jugemens du ciel à leur égard.
Cependant le curé de Saint-Sulpice, soutenu
par Christophe de Beaumont, refusa d'en-
terrer Voltaire , et le parlement ne se montrait point disposé à l'y contraindre. La capitale était dans la plus vive agitation , et
réclamait, au nom de la France , contre l'outrage qu'on voulait faire au grand homme
qu'elle pleurait. Un de ses neveux , conseiller–clerc au grand conseil, fit cesser le débat
en conduisant les restes de Voltaire dans son
abbaye , où les moines ne se firent point
scrupule de l'inhumer. Si la nature eût ac-
cordé à Voltaire autant d'années qu'à Fon-
tenelle , on peut présumer qu'il eût cherché
à modérer les Français au moins dans leur
effervescence politique ; mais, s'ils avaient
refusé d'écouter sa voix , quels eussent été
les alarmes et les regrets de cet ami de l'humanité !

Le rival de Voltaire , Jean-Jacques Rousseau, mourut dans la même année. Depuis quatre mois seulement il paraissait avoir retrouvé du calme ; il n'avait que trop long-temps donné en spectacle à la capitale toutes les bizarreries de son caractère inquiet et de sa farouche indépendance. Pauvre, aussi fier de l'être que d'avoir produit *Émile* ; il croyait vivre au milieu d'une ligue d'ennemis, parmi lesquels il faisait entrer tous ceux qui paraissaient le rechercher avec empressement, et les grands seigneurs et les jeunes disciples qui se vouaient à lui , et les étrangers illustres, et d'obscurs artisans. Ses grands travaux avaient cessé. Il ne profitait point, pour éclairer son siècle, ni pour modifier ses principes absolus , de cet âge où l'on aime le vrai, et où l'on ne voit plus que le bien possible.

Une occupation fatale à sa gloire amusait, ou plutôt empoisonnait ses loisirs. En écrivant ses *Confessions* , il retrouvait plus souvent les peines que les plaisirs qui lui furent donnés par son imagination brûlante. Un récit plein d'âme et de naturel , des détails enchanteurs, ne pouvaient sauver la tristesse générale du tableau, n'adoucissaient pas des aveux pénibles dont les lecteurs sont forcés de maudire la franchise , ni des révélations que la reconnaissance devait lui interdire.

Cet ouvrage si menaçant pour ses contemporains, et dont il avait l'indiscrète faiblesse de lire des fragmens, était devenu pour lui un nouveau sujet d'inquiétudes. Enfin, vaincu par ses alarmes, et peut-être même par la pauvreté, il accepta un ami et un asile. Le marquis de Girardin le reçut à Ermenonville, où son opulence et son goût avaient créé le jardin le plus délicieux de la France. Jean-Jacques Rousseau paraissait jouir en paix de ses goûts simples, et même de sa gloire, lorsqu'il se sentit subitement atteint d'un mal qui résultait de la complication des infirmités dont il était accablé depuis long-temps. A son dernier jour, il montra la force d'âme qu'il avait toujours affectée, et la sérénité touchante que depuis vingt ans il ne connaissait plus. Il mourut le 2 juillet 1778, âgé de soixante-six ans. Il fut pleuré plus que Voltaire lui-même : l'un et l'autre avaient trouvé la mort qui semblait le mieux leur convenir, l'un dans un asile écarté, l'autre au milieu des applaudissemens. Tous ceux qui n'osaient plus aborder l'éloquent et farouche solitaire, vinrent honorer, je dirais presque adorer sa mémoire, dans l'île bordée de peupliers où le marquis de Girar-

din avait placé son tombeau. Après Voltaire
et Jean-Jacques Rousseau, il n'y eut plus
d'homme, au dix-huitième siècle, qui im-
posât ses opinions à ses contemporains.
Tout fut entraîné, aucun guide ne parut.

FIN DU LIVRE QUINZIÈME.

LIVRE SEIZIÈME.

RÈGNE DE LOUIS XVI. —GUERRE D'AMÉRIQUE.

Une escadre de douze vaisseaux de ligne, sous le commandement du comte d'Estaing, était sortie de Toulon le 13 avril 1778, avec l'ordre tardif d'aller attaquer la flotte anglaise dans la baie de la Delaware. Tout annonçait que les Anglais, s'ils pouvaient être encore inopinément assaillis dans ces parages, ne se délivreraient d'une situation si dangereuse qu'en abandonnant Philadelphie. Le début de la guerre maritime paraissait devoir être digne de toute l'ardeur de deux nations qui autrefois s'étaient haïes avec plus de violence, mais qui n'avaient jamais eu plus de motifs de rivalité. Cependant Louis XVI croyait à peine être en guerre avec le roi de la Grande-Bretagne, ou du moins il désirait avoir à dénoncer un outrage fait à son pavillon, ou des dommages causés au commerce de la France. Dans le conseil d'un roi dont l'esprit se montrait tellement irrésolu, le plan de la

Dispositions maritimes de la France. Flottes de Brest et de Toulon. 1778.

première campagne avait été tracé avec
peu de fermeté et de prévoyance.

Les possessions françaises dans les Indes
orientales y avaient été complétement ou-
bliées ; cependant tout indiquait la nécessité de porter des secours à Pondichéry. Les
Anglais en avaient cédé les ruines par le
traité de Paris ; mais le continuel accroissement de leurs conquêtes, ou plutôt de leurs
usurpations, avait beaucoup diminué l'importance d'une ville où l'audacieux Dupleix
avait autrefois montré aux Indes un nouveau conquérant. Les timides Indiens de la
presqu'île avaient trouvé dans un prince ma-
hométan, Hyder-Ali, un vengeur des maux
que leur causait depuis trente ans l'avarice
anglaise. Avec des troupes un peu moins ef-
féminées que celles de ces climats, et qu'a-
nimait l'ardeur du pillage, il faisait la déso-
lation de ceux des comptoirs anglais qui
n'avaient point de forteresses. Il avait déjà
pris des engagemens secrets avec la France.
On le laissa essayer ses forces, et l'on voulut
juger s'il valait la peine d'être secouru. Si
l'escadre qui fut, trois ans après, confiée au
bailli de Suffren, eût commencé dès l'ouverture de la guerre le cours de ses exploits, les Anglais eussent porté une peine

sévère de la famine du Bengale et de tous les
crimes que leur politique accumulait des rives du Gange à celles de l'Indus.

Dans les deux guerres maritimes précédentes, le commerce français avait été accablé sur toutes les mers, et cent millions
qu'il avait perdus avaient été le premier signal des hostilités. Un souvenir si cruel
prescrivait la plus active surveillance, et
semblait même autoriser des représailles.
Les nations ne sont que trop fidèles à répéter, même après un assez long intervalle,
les violations du droit des gens dont elles
ont souffert ; mais ce sont les Français qui
oublient le plus les anciennes offenses. Quoiqu'on les voie, dans tout le cours de leur
histoire, commencer la guerre avec le
plus vif élan du courage, ils la commen-
cent sans fureur, et surtout sans cupidité.
Louis XVI n'eût pas souffert que la renaissance de la marine fût souillée par un seul
acte de piraterie. Malheureusement l'imprévoyance accompagnait une si noble modération. Les riches convois de Saint-Domingue et de la Martinique allaient partir, et
nulle escorte ne venait au-devant d'eux. On
songea trop tard à établir des croisières. Les
frégates étaient peu nombreuses et mal diri-

gées dans leurs courses. Le principal espoir
de la France consistait dans la flotte de Brest,
forte de trente-deux vaisseaux de ligne prêts
à mettre à la voile. On croyait qu'elle pouvait disputer avec avantage l'empire de l'O-
céan à une flotte que les Anglais équipaient
à la hâte. Ils n'avaient, disait-on, que de
vieux vaisseaux, mais ils avaient de vieux
marins. L'expérience et le savoir du comte
d'Orvilliers, commandant de l'escadre, les
qualités brillantes de Duchaffaut, du comte
de Guichen, de Lamothe-Piquet, d'Hector
et de Bougainville, inspiraient encore plus
de confiance que la force et l'agilité de vaisseaux savamment construits.

Combat de la Belle Poule. 17 juin 1778. On apprit avec des transports de joie
que la guerre avait commencé par le beau
combat d'une de nos frégates. Laclothe-
terie, qui commandait *la Belle-Poule*, de
vingt-six canons, et un lougre, s'aperçut,
le 17 juin, qu'il était près de tomber dans
une escadre anglaise : il sut l'éviter ; mais
une frégate ennemie, *l'Aréthuse*, vint à sa
poursuite. Il osa l'attendre ; refusa la visite
qui lui était demandée ; se tira par la vivacité de sa manœuvre d'une position défa-
vorable ; répondit au premier coup de canon par toute sa bordée ; soutint pendant

plusieurs heures un choc meurtrier ; fut
sauvé, par un calme qui survint, de l'approche de deux vaisseaux anglais ; mit en
fuite *l'Aréthuse*, évita l'escadre anglaise, et
vint débarquer à quelques lieues de Brest.
Ce brave officier avait eu cinquante-sept
hommes blessés et quarante tués à son
bord. Le roi le nomma capitaine de vaisseau. Son nom et le récit de son combat retentirent dans toute la France ; les Anglais
avaient attaqué les premiers ; la conscience
de Louis XVI fut tranquille. On parut se
préparer à une descente en Angleterre,
non dans l'espoir de subjuguer les Anglais,
mais dans celui de les humilier.

Le 8 juillet, la ville de Brest fut témoin
d'un spectacle imposant qui avait attiré un
grand nombre de spectateurs : c'était la
sortie de trente-deux vaisseaux de ligne
et de quinze frégates ou autres bâtimens.
L'amiral Keppel venait de rentrer dans Plymouth avec la plus forte des escadres anglaises. Il en sortit le 12, avec trente vaisseaux de ligne, dont sept à trois ponts.
Le 23, les deux flottes furent en vue, à
trente lieues d'Ouessant, et à une même
distance des îles Sorlingues. Deux vaisseaux
français s'étaient éloignés et étaient tombés

Combat
d'Ouessant.
27 juillet
1778.

sous le vent de l'escadre anglaise. L'amiral Keppel, qui cherchait à engager le combat, les fit poursuivre. D'Orvilliers ne s'inquiéta point de leur salut. On s'observa pendant quatre jours, on manœuvra pour avoir l'avantage du vent. La bataille devint inévitable le 27 ; les Anglais voyaient avec étonnement la belle ordonnance dans laquelle leurs ennemis se déployaient : jamais escadre française, depuis un siècle, n'avait offert une disposition si savante. Les deux armées navales occupaient un espace de trois lieues. Le vent soufflait à l'est ; il éprouva différentes variations durant le combat ; les Français étaient d'abord sous le vent. Trois divisions formaient leur ligne. L'avant-garde était sous les ordres du comte Duchaffaut. Le comte d'Orvilliers était au centre, et montait le superbe vaisseau *la Bretagne*, de 110 canons. Un autre vaisseau non moins imposant, *la Ville de Paris*, que commandait le comte de Guichen, faisait partie de la même division. L'arrière-garde était, ou plutôt paraissait être sous les ordres du duc de Chartres, qu'un excellent marin, Lamothe-Piquet, était chargé de diriger. Il montait le vaisseau *le Saint-Esprit*, de 80 canons. Sa division se composait, en outre,

de cinq vaisseaux de 74 et de trois de 64.
Comme elle était la plus faible de l'armée
française, l'amiral anglais avait conçu l'espoir de la couper par une manœuvre hardie,
en portant rapidement sur elle son avant-
garde, qui comptait un vaisseau de plus. Le
combat s'engage dans cette disposition. Le
comte d'Orvilliers craint de profiter du désordre apparent de la ligne anglaise, dont
les vaisseaux cherchent à filer successivement le long de la nôtre; mais, au moment
où il voit le *Saint-Esprit* et d'autres vaisseaux de l'avant-garde vivement attaqués et
soutenant avec vigueur un combat inégal,
il renverse son ordre de bataille; son arrière-garde devient avant-garde, et passe à
son tour sous le vent de la ligne ennemie.
Cette manœuvre s'exécute avec célérité et
sans confusion. Après un feu très-vif, que
les Anglais avaient dirigé sur le corps des
bâtimens français, et que ceux-ci avaient
dirigé sur les mâts, les voiles et les vergues
de leurs ennemis, nombre de vaisseaux de
part et d'autre étaient grièvement endommagés : nul n'avait été pris. Les deux amiraux croyaient avoir réciproquement l'a-
vantage du combat, et se proposaient d'en
user avec vivacité ; mais tous deux furent

trompés dans leurs espérances par l'impossibilité de se faire entendre ou de se faire obéir dans leurs signaux. Le duc de Chartres, qui d'abord avait engagé le combat avec cette gaieté qui accompagne souvent la valeur française, manqua l'occasion de couper deux vaisseaux de la ligne anglaise. On ne sait si ce fut par inexpérience ou pour avoir cédé à des conseils pusillanimes. Keppel donna en vain au vice-amiral Palliser, qui commandait l'avant-garde, l'ordre de rengager la bataille; celui-ci ne répondit rien à des signaux répétés trois fois. *Le Formidable,* que montait Palliser, était le plus endommagé des vaisseaux anglais. Ceux de la même division se tinrent également immobiles. La nuit vint, et, dans la journée suivante, les deux armées s'éloignèrent à peu près en même temps. L'amiral Keppel revint à Plymouth, mais il détacha quelques vaisseaux pour établir des croisières. D'Orvilliers rentra dans la rade de Brest avec toute son escadre, et sans y avoir été contraint par une nécessité impérieuse. La perte avait été faible et presque égale des deux côtés. Les Anglais comptaient cent cinquante hommes tués et quatre cents blessés. Les Français en avouaient un peu plus : aucun de leurs officiers n'avait péri. Le comte Duchaffaut, blessé, avait continué de commander la manœuvre de sa division avec une intelligence qui contribua beaucoup au salut de l'armée. Son fils tomba à ses côtés, blessé, comme lui, dangereusement, et la douleur du père ne dérangea point les opérations du chef d'escadre.

Si, dans cette bataille indécise, les Français n'eussent signalé que leur courage, Londres n'en eût éprouvé ni étonnement ni vives alarmes; mais comment une marine dont le dernier combat avait été la déroute du maréchal de Conflans, venait-elle de déconcerter les habiles manœuvres d'une marine perfectionnée par trente victoires consécutives ? Voilà ce que les Anglais avaient à examiner avec inquiétude. Sans craindre de donner quelque joie à leurs ennemis, ils reconnurent unanimement que, pour eux, l'absence d'une victoire devait être considérée comme une défaite. L'amirauté redoubla de vigilance : tous les vaisseaux, promptement réparés, se hâtèrent de quitter la rade, et se promenèrent sur l'Océan, où ils étaient accoutumés de dominer; les uns vinrent au-devant des convois que les ports d'Angleterre attendaient des deux Indes, et les autres interceptèrent les convois de Saint-Domingue et de la Martinique. La cupidité des Anglais satisfaite adoucit les souffrances de leur orgueil. Keppel et Palliser portèrent leurs accusations réciproques devant un conseil de guerre qui, au bout de quelque temps, les acquitta l'un et l'autre.

Pendant que, par l'effet de la rentrée peu nécessaire de toute notre escadre, et du long retard qu'on lui fit éprouver pour remettre à la voile, le commerce français subissait, en différens parages, des pertes qui furent évaluées à quarante-cinq millions, Paris, et même Nantes et Bordeaux, célébraient avec ivresse le combat d'Ouessant. Le duc de Chartres avait suivi de près, dans la capitale, le courrier qui en portait la nouvelle. Au lieu de voir dans le retour précipité de ce prince une triste conjecture sur l'inaction de notre flotte, on se plut à penser que, s'il se présentait en triomphateur, il avait de bonnes raisons de triompher. Il fut reçu à l'Opéra comme l'aurait été le vainqueur de Fontenoy, de Raucoux et de Laufelt. On citait, on l'on supposait les bons mots dont, pendant l'action, il avait réjoui son équipage; et sa gaieté paraissait la meil-

leure garantie de son héroïsme. Des illusions, que le roi, la reine et tous les ministres avaient partagées, firent place à un
examen plus réfléchi. On parla d'un signal
que le duc de Chartres n'avait pas voulu
comprendre, de deux vaisseaux qu'il avait
laissé échapper, et du sourd mécontente-
ment de d'Orvilliers et de Lamothe-Piquet.
Les dispositions du roi, de la reine, des
ministres et du public changèrent subitement. On accabla d'épigrammes le prince
qu'on avait enivré d'éloges.

Un article de la Gazette de France, imprimé par un ordre de la cour, offrit contre
ce prince une de ces inculpations vagues
qui rendent l'apologie difficile. Cependant
il accompagna le comte d'Orvilliers dans
une seconde sortie qui fut sans résultat, et
qui parut même avoir été sans objet. Les
Anglais ne s'étaient plus présentés devant
l'escadre française, qui avait tenu la mer
pendant plus d'un mois, et le comte d'Orvilliers n'avait pas cherché les Anglais. Les
marins demandaient à grands cris le rappel
d'un prince, qui, suivant eux, leur avait
enlevé à Ouessant l'occasion du plus beau
triomphe. La cour satisfit à leur vœu, et
parut heureuse de se délivrer des services

maritimes, du duc de Chartres, en créant pour lui la charge de colonel-général des hussards. Les plaisirs auxquels il se livra, dans une longue oisiveté, ne calmèrent point son secret dépit; ses vices s'accrurent, et la haine qu'il conçut contre le roi se développa au milieu de ces vices.

Quand les pertes du commerce furent connues, les plaintes se dirigèrent contre le corps entier de la marine; on oublia l'habileté, l'instruction et le courage calme dont il venait de donner des preuves. On lui reprocha de ne point connaître cette vigilance patriotique qui fait supporter aux marins anglais l'ennui des longues croisières, et qui les rend heureux de rendre des services sans éclat, dès qu'il s'agit des besoins du commerce. On demandait si des nobles, enivrés de leurs prérogatives, et toujours occupés à humilier la marine marchande, pouvaient être les protecteurs sincères d'un commerce dont ils affectaient d'avilir les travaux. Ces plaintes étaient exagérées. Une croisière faite par le chevalier Fabri, avec quatre vaisseaux sortis du port de Toulon, compensa un peu nos pertes par la prise de plusieurs bâtimens. Quelques frégates avaient, dans cette année 1778, soutenu des combats honorables;

l'*Iphigénie*, commandée par Kersaint, revint avec de riches dépouilles.

Le comte d'Estaing, dont le caractère passait pour être entièrement opposé à celui du comte d'Orvilliers, annonça faiblement la marine française dans le Nouveau-Monde. Tourmenté par des vents contraires, il n'avait pu se présenter que le 8 juillet dans les eaux de la Delaware. L'armée anglaise, instruite à temps de son approche, avait craint d'être attaquée dans Philadelphie par des troupes françaises, tandis qu'elle eût été pressée de front par l'armée de Washington, campée à Valley-Forge. Clinton, qui avait succédé au général Howe, avait quitté cette ville dans le moment où le général américain avait peu de forces pour le poursuivre; mais, résolu d'attendre si les événemens lui permettraient de se porter de nouveau sur une ville si importante, au lieu d'embarquer ses troupes, il avait fait une lente retraite à travers le Jersey. L'Amérique retentissait alors de chants d'allégresse. Ceux qui avaient brisé les images du roi Georges proclamaient avec les accens de la plus vive reconnaissance le nom de Louis XVI.

Ce monarque ambitionnait le titre de leur libérateur. Son ministre plénipotentiaire,

Expédition du comte d'Estaing dans l'Amérique septentrionale. 1778.

Gérard, allait paraître au congrès. Les membres de cette assemblée recevaient du roi de
France le titre de *chers* et *loyaux* amis, qui
avait été pour la Confédération suisse le prix
des services les plus constans et les plus héroïques. Malheureusement l'ivresse qu'excitaient parmi les Américains leurs succès
diplomatiques, et surtout l'attente d'un secours proportionné aux forces de la première nation de l'ancien monde ; les portait
à une confiance inactive qui faisait le désespoir de Washington. Ce général, dans l'une
et l'autre fortune, éprouvait une peine égale
à retenir sous ses drapeaux des milices qui tantôt croyaient tout perdu, et tantôt affectaient
de croire tout terminé. « Laissons peu de
» chose à faire aux Français, disait-il à ses
» lieutenans. Ils s'approchent de nous, sur
» le bruit de nos victoires ; qu'ils ne nous
» trouvent pas languissans, énervés. Ne met-
» tons pas trop à l'épreuve une amitié nais-
» sante, une amitié politique. La règle la
» plus sûre pour trouver des auxiliaires fidè-
» les, c'est de combattre avec autant d'ar-
» deur que si l'on n'en avait point. La liberté
» est un bien qu'on se donne, et qu'on ne
» reçoit pas. A demain la bataille, si les
» Anglais veulent nous attendre. »

Le général Lee, qui venait d'être échangé, servait alors sous les ordres de Washington, et commandait son avant-garde. Les mesures vives et hardies convenaient à son caractère ; mais il se voyait avec peine l'instrument de la gloire de son rival. Il attaqua les Anglais, qui s'étaient arrêtés et retranchés auprès de Montmouth ; et combattit personnellement comme un soldat irréprochable ; mais non pas comme un chef actif et opiniâtre. Le corps qu'il commandait faisait sa retraite en désordre, lorsque Washington vint avec le reste de ses troupes rétablir la bataille. Les généraux Greene, Wayne et La-Fayette le secondèrent avec ardeur. Les Anglais plièrent aux approches de la nuit ; et dès le lendemain ils précipitèrent leur retraite : ils arrivèrent à New-Yorck. Leur armée était en sûreté : mais leur flotte paraissait exposée au plus grand danger. Composée de sept vaisseaux d'un ordre inférieur, elle était hors d'état de se mesurer avec l'escadre française, forte de douze vaisseaux de ligne, parmi lesquels il y en avait un de 90 canons, le *Languedoc* ; un autre de 80, le *Tonnant*, et huit de 74. Mais de si imposantes machines ne se trouvaient point propres à remplir les desseins du comte d'Estaing ; qui reconnut bientôt l'impossibilité de les faire entrer dans le mouillage de Sandi-Hook, où l'amiral Howe s'était prudemment retiré. Irrité d'obstacles imprévus, trompé, à ce que l'on croit, par des pilotes américains, d'Estaing montra de l'irrésolution dans ses manœuvres. Il savait que l'amiral Byron arrivait des Antilles avec une flotte presque égale à la sienne, pour délivrer l'amiral Howe. Il craignit de l'attendre auprès de Sandi-Hook. Peu de temps après qu'il s'en fut éloigné, quatre vaisseaux, échappés à une tempête qui avait dispersé et désemparé le reste de l'escadre de Byron, se réunirent sans obstacle à celle de Howe, et rendirent à celui-ci la confiance d'aller chercher d'Estaing à son tour.

Mauvais succès de l'expédition de Rhode-Island.
1778.

Par les soins de Washington et de La Fayette, les Américains et les Français venaient de convenir d'un plan qui pouvait jeter beaucoup d'éclat sur les premières opérations de leurs armes réunies. Il s'agissait de la conquête de Rhode-Island. Le général américain Sullivan devait y débarquer avec cinq mille hommes; d'Estaing devait le seconder en mouillant à l'entrée de Newport, et, après avoir pris ses mesures contre l'escadre anglaise, jeter sur un autre point de

l'île les troupes de débarquement qu'il avait
à bord. Sullivan tint sa promesse, et réussit
à s'établir dans la partie septentrionale de
Rhode - Island ; mais d'Estaing ne fut. pas
plutôt entré dans le port, que, soit par inquiétude sur sa position, soit par un impatient désir de livrer une bataille décisive, il
fit sortir toute sa flotte, et, porté par un
vent favorable, arriva précipitamment sur
l'escadre anglaise, qui paraissait le fuir, mais
qui manœuvrait pour recouvrer, l'avantage
du vent. Un moment allait décider à laquelle
des deux nations devait rester l'empire des
mers du Nouveau-Monde. Fier de la supériorité que lui donnait, non pas le nombre, mais
la force de ses vaisseaux, d'Estaing s'avan-
çait avec peu de précaution, et sans avoir sa
ligne fortement établie. Howe avait parfaitement ordonné la sienne. Le combat était
engagé, lorsqu'une brise s'élève, et, devenant
tout à coup le vent le plus furieux, décon-
certe les manœuvres, trouble pilotes, amiraux. Bientôt on a perdu de part et d'autre
tout moyen comme toute volonté de combattre : on n'a plus de force ni d'intelligence
que pour résister aux élémens. De moment
en moment on entend le bruit des voiles qui
se déchirent; des mâts qui se fracassent. Ce

ne sont pas seulement les flottes ennemies
qui sont séparées ; il n'est presque plus de
vaisseaux qui marchent ensemble. Cette tempête, qui dura quarante heures, faillit être
plus fatale aux Français que ne l'aurait été
un combat désastreux! Leur vaisseau amiral,
le superbe *Languedoc*, de 90 canons, errait
sans mât, sans gouvernail ; rasé comme un
ponton? Un des plus petits vaisseaux anglais,
mais un de ceux que la bourrasque avait le
moins maltraités, rencontre et ose attaquer
ce colosse tout à l'heure si formidable. Le
vaisseau amiral, qui ne peut plus manœuvrer, et qui, de tant de canons, n'en a plus
que sept ou huit en état de service, est menacé de devenir la proie d'un vaisseau qui
surpasse à peine une frégate. Il n'est point de
ressources du désespoir, d'inventions subites
que d'Estaing n'emploie pour prévenir un
tel affront : mais ses efforts seront vains ; si
la fortune ne le seconde. Le vent continue
avec violence ; le vaisseau de 54 n'en reste
pas moins acharné à la poursuite du *Lan-*
guedoc. La nuit vient, et il est encore là.
Enfin, l'aube du jour montre à d'Estaing
son salut : ce sont des vaisseaux français qui
s'approchent. Le vaisseau anglais prend la
fuite, sans avoir reçu le prix ni porté la

peine de sa témérité. Par un singulier jeu
de la fortune, le second vaisseau de l'escá-
dre française, le *Tonnant*, de 80 canons,
rasé comme le *Languedoc*, avait été, comme
celui-ci, poursuivi long-temps par un vaisseau de 54, et avait dû son salut à la même
cause. D'Estaing eut le bonheur de rallier
successivement tous les bâtimens de son escadre, et vint d'abord reprendre le mouillage de Newport, avec le regret de l'avoir
quitté.

Le comte d'Estaing n'était point un de
ces hommes savamment audacieux, qui né
s'éloignent des règles de la prudence commune que pour suivre les inspirations du
génie. La conquête de la ville de Newport
pouvait encore s'effectuer, et dès lors il
recouvrait tous les moyens de réparer les
dommages de son escadre : celle de Howe
n'avait-elle pas de son côté souffert de la
tempête ? pourrait-elle sortir sitôt du mouillage de Sandi-Hook, qu'elle était venue reprendre ? L'Américain Sullivan n'avait point
quitté Rhode-Island, et y avait reçu quelques renforts. « Débarquez, faisait-il dire
aux Français; vous l'avez promis : votre départ pourrait nous livrer aux Anglais; débarquez ; l'honneur et l'amitié vous en font

la loi. »Le marquis de La Fayette était encore
plus pressant dans ses instances auprès de
ses compatriotes. Le devoir qu'il s'était imposé de soutenir avec éclat le nom français
dans le Nouveau-Monde, avait tellement
exalté son imagination, qu'il avait récem-
ment provoqué à un combat singulier le
comte de Carlisle, un des commissaires
anglais, en le rendant responsable des expressions injurieuses pour la France que
contenait une proclamation faite au nom du
roi de la Grande-Bretagne. Le comte de Carlisle n'avait point cédé à cette ardeur chevaleresque, et il avait montré, dans une
réponse mesurée, quels désordres naîtraient
si les querelles des gouvernemens amenaient
les haines individuelles et les combats sin-
guliers.

On juge de ce que devait souffrir le marquis de La Fayette, en présumant que les
Américains auraient bientôt à se plaindre
d'avoir été abandonnés par les Français dans
Rhode-Island. Les représentations qu'il fit
au comte d'Estaing ne furent point écoutées.
L'escadre remit à la voile, et vint réparer
ses dommages dans la rade commode et
sûre de Boston. Sullivan eût pu se venger
en faisant à lui seul un effort qui conservait

encore quelques chances de succès, car de
nouveaux renforts étaient à sa portée; mais
il aima mieux effectuer sa retraite, pour en
faire un sujet de reproche contre les alliés
des États-Unis : de là un ton d'aigreur, un
langage presque hostile entre les militaires
de deux nations qui venaient de célébrer leur
union nouvelle avec un égal enthousiasme.
Le comte d'Estaing eut besoin de patience
pour ramener les insurgens, qu'un exploit
fait à propos eût portés à des entreprises
décisives. Le nombre des Torys ou des royalistes s'accrut dans les États-Unis, et parti-
lièrement dans les provinces méridionales.
Les Anglais tournèrent leurs regards vers ces
contrées fertiles, à la défense desquelles le
congrès n'avait pas suffisamment pourvu.
En débarquant sur les côtes de la Géorgie,
ils n'éprouvèrent qu'une faible résistance.
Une victoire complète qu'ils remportèrent
sur une division américaine, leur valut l'importante possession de Savanah. Bientôt ils
menacèrent les deux Carolines et la Virginie.

Cependant le comte d'Estaing brûlait de
profiter, soit par quelque conquête, soit
par une victoire navale, de la supériorité
qu'il conservait encore sur l'escadre anglaise.
Il avait reçu à Boston deux nouvelles qui

Prise de l
Dominique.
Perte des île
Sainte - Luci
et St -Pierre
1778.

étaient de nature à appeler ses armes sur un autre théâtre ; l'une était la prise des îles Saint-Pierre et Miquelon par une division anglaise. Elles avaient été mal défendues, et le commerce français allait recevoir un dommage considérable de la perte de ces îles nécessaires pour des pêcheries qui, outre leurs bénéfices, avaient l'avantage d'exercer nos marins. L'autre nouvelle faisait naître une brillante espérance : c'était la prise de l'île anglaise de Saint-Dominique. Le marquis de Bouillé, gouverneur de la Martinique, avait combiné dès long-temps les moyens de surprendre cette île. Il avait exécuté cette entreprise habile avec un petit nombre de frégates. Une garnison de cinq cents hommes, étourdie de la vivacité de cette attaque, avait posé les armes. Les Anglais stationnés à Hallifax avaient été assez vivement émus de cette perte, qui leur en faisait craindre beaucoup d'autres du même genre. Une partie de leur flotte avait été détachée pour aller aux Antilles. Le même jour, d'Estaing mettait à la voile. Trois bâtimens de transport, qu'une tempête jeta au milieu de son escadre, lui apprirent qu'une division anglaise le précédait sur la route des Antilles. Impatient de combattre ;

il vint la chercher à Antigoa, lorsqu'elle
était à la Barbade ; ensuite il relâcha quelques jours à la Martinique.

Mais les Anglais, qui ne croyaient pas être
poursuivis par une escadre si puissante, s'é-
taient déjà portés sur l'île française de Sainte-
Lucie , et en avaient fait la conquête avec la
même facilité que le marquis de Bouillé avait
opéré celle de la Dominique. Le comte d'Estaing , en se présentant devant le port de
Sainte-Lucie, le trouva occupé par six vaisseaux anglais et trois frégates qui s'étaient
embossés. Il voulut les attaquer , mais les
batteries de terre les protégeaient. Après un
faible choc , il change de pensée , fait débarquer ses troupes , et se met à leur tête.
Que mes lecteurs se rappellent le funeste
combat d'Exiles, où la valeur des Français ,
soutenue par une opiniâtreté qu'à cette époque ils ne portaient pas toujours dans leurs
opérations militaires , ne put triompher des
difficultés d'un point d'attaque mal choisi ;
et ils auront une idée du combat de Sainte-
Lucie. Arrivé sous le feu des batteries anglaises, d'Estaing ne put parvenir à les dé-
monter. Tous les Français qui s'élancèrent
dans les retranchemens ennemis y trouvèrent la mort. Trois assauts inutiles furent

Funeste com-
bat de Sainte-
Lucie.
1778.

suivis d'une perte de près de quinze cents hommes tués ou blessés; ce qui formait le cinquième de l'armée assaillante; et les Anglais, fort inférieurs en nombre, n'avaient presque rien perdu. Le comte d'Estaing revint à la Martinique. Les deux escadres, peu impatientes de se mesurer, s'accordèrent réciproquement toute facilité de recevoir des renforts.

Quand les événemens peu décisifs et peu mémorables de cette année 1778 furent connus à Londres et à Paris, les deux gouvernemens, et même les deux nations, se plaignirent également d'avoir été trahis par la fortune dans leurs combinaisons les plus sûres, dans leurs espérances les plus légitimes ; on eût dit cependant qu'elle s'était fait une loi de tenir entre eux la balance égale dans le genre de guerre où elle joue le plus grand rôle, et où il est le moins facile de l'enchaîner. Il semblait que le ciel se prêtait alors à seconder les vœux de la religion et de la philosophie, en montrant qu'aucune nation ne pouvait plus obtenir, par la guerre, d'avantages signalés. Jusqu'aux fautes des gouvernemens, des amiraux, des officiers, et jusqu'à leurs résultats, tout avait été compensé. L'Angleterre avait mis trop tard de l'activité dans ses préparatifs ; la France avait peu profité de la supériorité de ses forces navales. La bataille d'Ouessant eut des suites déplorables pour notre commerce ; mais, d'un autre côté, elle apprit à toutes les nations disposées à se liguer avec nous , que notre marine avait acquis l'art des grandes évolutions. L'approche d'une escadre française avait fait évacuer aux Anglais Philadelphie , et depuis elle ne les avait pas empêchés de prendre Savanah. La prise de la Dominique était pour nous un dédommagement de la perte de Sainte – Lucie. Nous n'avions pris ni perdu un seul vaisseau. Les frégates avaient de part et d'autre vaillamment combattu. Je ne fais pas ici mention de ce qui s'était passé , cette année, dans les Indes orientales : j'attends que Suffren y paraisse.

Les succès diplomatiques de la France furent, à cette époque, plus remarquables que ses succès militaires. Le caractère de probité que montrait Louis XVI, et les talens du comte de Vergennes, rendirent, pour dix années , à la France un rang dont le partage de la Pologne , lâchement toléré , l'avait fait descendre.

Le ministre des affaires étrangères avait

Guerre entre
l'empereur et
le roi de Prus-
se, au sujet de
à succession
Be Bavière.
1778.
deux objets à remplir : former la ligue des
puissances maritimes contre l'Angleterre,
et prévenir sur le continent des guerres dans
lesquelles la France eût été bientôt forcée
d'intervenir. Dans le temps où nos escadres
allaient défier les escadres anglaises ; l'Allemagne était menacée d'un embrasement
qui pouvait avoir la même durée et la même
violence que les deux guerres produites
par la rivalité de la Prusse et de l'Autriche :
c'étaient ces puissances qui se mesuraient
encore, et sur ces mêmes champs de bataille qu'elles avaient tant de fois jonchés
de morts et de ruines. Frédéric, vieilli moins
par l'âge que par des fatigues héroïques,
était armé pour contenir l'ambition de Joseph II, qui, trop fidèle imitateur de la jeunesse de ce grand homme, quittait brusquement le rôle d'un prince philosophe pour
prendre celui d'un prince conquérant. Le
partage de la Pologne, sur lequel il avait
vaincu les scrupules de Marie-Thérèse, annonçait déjà que les maximes philanthropiques vers lesquelles il inclinait ne gênaient
point sa politique. Jaloux de la France, et
trop fidèle au souvenir des maux et des dangers dont les armes de cette nation avaient
entouré son berceau, il croyait cependant

pouvoir user sans réserve de l'ascendant
qu'un traité et le mariage de sa sœur semblaient donner au cabinet de Vienne sur celui de Versailles. Louis XVI, que le comte de
Maurepas, et surtout, le comte de Vergennes, avertirent de se mettre en garde
contre un prince ambitieux, n'avait point
pris avec son beau-frère d'engagement indiscret. Il eut bien à se féliciter de cette
prudence, quand la mort inopinée de l'é-
lecteur de Bavière développa les injustes
pensées de Joseph II et du prince de Kaunitz.
L'électeur de Bavière avait pour héritier
l'électeur palatin, prince faible, qui était
étonné et comme effrayé d'un si bel accroissement de possession. Une invasion subite
de la Bavière, faite par Joseph II, sous un
vague prétexte de suzeraineté, comme roi
de Bohème, décida le pusillanime électeur
à céder à l'Autriche les deux tiers de son
nouvel État. Le prince de Deux-Ponts, son
héritier, n'avait pas cinq cents hommes à opposer aux armées de l'empereur : il se taisait.
Le vieux Frédéric se déclara son vengeur ;
et celui de tous les princes allemands. Celui
qui, vingt ans auparavant, avait été traduit
au ban de l'empire, prête toute la force de
sa gloire et de son génie à ce corps languis-

sant. Sa résolution est prise; ses formidables armées sont déjà dans la Bohème; voilà son premier manifeste. En vain l'Autriche l'invite-t-elle à imiter son exemple pour s'agrandir : fidèle au rôle d'un vengeur de l'indépendance germanique, rien ne tente celui qui vient de concourir au partage de la Pologne. Joseph II est contenu dans son ardeur belliqueuse par une mère qui se pardonne à peine le sang qu'elle fit verser dans le vain espoir de reconquérir la Silésie. Vergennes, qui comprend (suivant l'expression du roi de Prusse dans ses Mémoires) que l'*Autriche se fait de la Bavière une galerie pour pénétrer dans l'Alsace et dans la Lorraine*, encourage secrètement la Prusse, intimide l'Autriche, et lui fait passer de sévères représentations par l'organe de l'impératrice de Russie. Deux armées de cent mille hommes chacune, qui sont en présence, font, sur les confins de la Bohème et de la Silésie, des marches, des contremarches tout-à-fait semblables à celles d'une petite guerre. La politique, qui veut les séparer, se sert de l'autorité de la philosophie. Frédéric est devenu assez puissant pour se montrer un ami de l'humanité. Joseph II voit bien qu'il faut attendre une autre oc-

Paix
de Teschen.
13 mai
1778.

casion de gloire. On pose les armes ; et la cession du petit cercle de Burkausen, faite par la Bavière à l'Autriche, termine un conflit qui pouvait coûter la vie à trois millions d'hommes. La succession et tous les droits du prince des Deux—Ponts sont assurés, parce que Frédéric a interposé pour lui la majesté de son nom. Cet événement diplomatique excite la joie de l'Europe, et surtout des Français. On s'exalte, on s'enivre d'espérances : on croit que le secret de détourner la guerre peut être inscrit au nombre des grandes découvertes du dix-huitième siècle.

On se flatta un moment que la guerre maritime serait étouffée dans son principe, et que le choc d'Ouessant suffirait pour annoncer aux deux nations rivales l'impossibilité d'obtenir l'une sur l'autre un triomphe complet. La cour d'Espagne ne parlait que de médiation ; elle proposait à la France et à l'Angleterre une trêve indéterminée qui eût été rendue commune aux insurgens de l'Amérique. Les Anglais auraient continué d'occuper les ports et les villes qu'ils avaient conquis dans cette contrée : toute attaque ultérieure leur eût été interdite. L'Espagne, pour tout le reste, en appelait au temps ;

L'Espagne se rend médiatrice entre l'Angleterre et la France, et se déclare pour celle-ci.

1779.

comme au plus puissant des médiateurs ; elle évitait, par des offres de cette nature, de prêter un appui direct à des colonies dont l'exemple pourrait un jour séduire les siennes. La France parut goûter de telles propositions : l'Angleterre s'offensa de ce qu'on voulait arracher d'elle, sans combat, une déclaration tacite de l'indépendance de ses colonies révoltées. *Sauvons notre gloire, si nous ne pouvons sauver toute l'étendue de notre puissance :* ce fut le cri de tous les Anglais. On vit cependant que le cabinet britannique n'envisageait pas sans effroi la réunion des forces navales de l'Espagne à celles que la France déployait avec honneur. La conduite de lord North fut timide envers la cour de Madrid, comme elle l'avait été quatre ans envers celle de France. Il laissa l'Espagne accroître ses préparatifs sans faire attaquer les riches convois sortis des ports du Mexique, du Pérou et des îles Philippines.

Pendant ce temps, le comte de Vergennes éblouissait Charles III par une perspective bien plus séduisante que celle qui lui avait été présentée par le duc de Choiseul vers la fin d'une guerre malheureuse. L'ambassadeur français auprès de la cour de Madrid ne cessait de lui représenter que le moment

était favorable pour faire cesser le continuel
affront que les Anglais, du haut du rocher
de Gibraltar, faisaient à l'Espagne; pour recouvrer l'île de Minorque, station si importante dans la Méditerranée, et pour mettre
à couvert les possessions du Nouveau-Monde
par la conquête des deux Florides. Louis XVI
promettait encore à Charles III l'importante
possession de la Jamaïque. C'était encore peu
que tous ces avantages. Deux flottes combinées, qui allaient couvrir l'Océan de l'appareil le plus majestueux et le plus formidable,
pouvaient détruire dans les ports de l'Angleterre ces chantiers, ces arsenaux où se for-
geaient, depuis un siècle, des chaînes pour
le commerce des deux mondes. Les Anglais,
menacés chez eux, seraient forcés de rappeler bientôt leurs troupes disséminées dans
un si grand nombre de colonies, de ports et
de forteresses : arriveraient-elles à temps
pour repousser quarante mille Français déjà
rassemblés sur les côtes de la Bretagne, de
la Normandie et de la Picardie? Quelle ardeur régnait dans cette armée, qu'on exerçait sans cesse aux manœuvres les plus savantes! Tous les princes voulaient y servir.
Le maréchal de Broglie la commandait. Le
plus grand signe de faveur pour les jeunes

officiers, la plus belle récompense accordée aux vieux militaires qui n'avaient point trahi l'honneur de la France dans les fatales plaines du Hanovre, c'était d'aller servir sous les ordres du vainqueur de Berghen. Le marquis de La Fayette quittait l'Amérique pour venir occuper le grade de major-général dans une armée qui semblait vouée à l'humiliation de la nouvelle Carthage. Eût-elle dû remonter sur les vaisseaux après une course rapide sur ces rivages, elle les aurait couverts d'assez de ruines pour fonder désormais la sécurité commerciale et politique du continent.

Menace d'une descente des escadres espagnole et française en Angleterre. 1779.

C'était ainsi que le comte de Vergennes faisait oublier au possesseur des trésors du Nouveau-Monde le danger d'assister des colonies révoltées contre une métropole impérieuse. L'Espagne publia son manifeste contre l'Angleterre; la France se rappela qu'elle n'avait point encore donné le sien, et répara cette omission. Pendant ce temps, les flottes alliées marchaient au-devant l'une de l'autre. Le comte d'Orvilliers était sorti de Brest le 3 juin 1779, avec trente-deux vaisseaux de ligne. L'amiral anglais Charles Hardi, avec trente-huit vaisseaux de ligne; n'avait osé ou n'avait pu se placer entre les deux es-

cadres qui allaient se réunir : leur jonction
se fit le 25 juin ; elles formaient un ensemble
de soixante-six vaisseaux de ligne, qu'accompagnait une multitude de frégates et de
petits bâtimens. On admirait dans cette flotte
le vaisseau espagnol *la Trinité*, de 114 canons, les vaisseaux français *la Bretagne* et
la ville de Paris. Sept autres portaient 80
canons. Le comte d'Orvilliers commandait
les deux flottes. Le comte de Guichen avait
l'avant-garde ; l'arrière-garde était sous les
ordres de don Gaston. Deux escadres légères, l'une commandée par la Touche-
Tréville, et l'autre par don Louis de Cordova, allaient à la découverte. Trois cents
bâtimens de transport, rangés à Saint-Malo
et au Hâvre-de-Grâce, attendaient des
troupes prêtes à s'embarquer. L'Angleterre
fut exposée à ce péril dans le moment où le
génie ne présidait pas aux destinées de la
France. L'incertitude, l'immobilité et la
pesanteur castillane ne se communiquèrent
que trop aux marins français. Maîtres de la
mer, ils parurent d'abord s'y admirer avec
complaisance, et ensuite s'y promener avec
ennui.

Cette escadre, qui avait été contrariée par
les vents, mais qui s'embarrassait aussi de

vaines précautions, erra deux mois avant d'entrer dans le canal de la Manche. Enfin, elle se présenta devant Plymouth le 15 août. Telle était l'infériorité des forces de l'amiral anglais, qu'il n'osait venir au secours de cette rade. Les opérations allaient commencer. Les alliés venaient de s'emparer, à la vue de Plymouth, d'un vaisseau anglais de 64, qui était parti de Portsmouth pour aller rejoindre la grande flotte. Tout à coup un vent furieux bat les vaisseaux alliés, et les chasse du canal; en vain d'Orvilliers cherche-t-il, les jours suivans, à en fermer l'entrée aux Anglais; le 30 août, Charles Hardi profite d'un vent favorable, pénètre dans le canal, et bientôt dans la rade de Plymouth; de là il brave l'escadre alliée, qui fait de vains efforts pour l'attirer au combat, et se retire. L'équinoxe approchait; les vivres commençaient à devenir rares sur la flotte; des maladies contagieuses lui avaient enlevé près de cinq mille hommes : voilà quelles furent les excuses du comte d'Orvilliers pour couvrir l'issue languissante et peu honorable du plus vaste armement qui eût encore paru sur les mers. On revint à Brest. Les Anglais, aussi confians et plus orgueilleux qu'après la bataille d'Ouessant, protégèrent l'arrivée de leurs riches convois, et se vengèrent de la crise qu'ils venaient d'éprouver, par les riches dépouilles que leur offrirent le commerce et les galions de l'Espagne.

La fortune parut être plus favorable aux Français dans l'autre hémisphère; mais ses faveurs furent courtes et peu proportionnées à l'enthousiasme qu'elles inspirèrent. Le comte d'Estaing avait reçu, comme je l'ai déjà dit, des renforts considérables. Les divisions que lui avaient successivement amenées les chefs d'escadre Lamothe-Piquet et de Grasse, élevaient son escadre au nombre de vingt-cinq vaisseaux de ligne. Il venait, dans la campagne précédente, d'expier tour à tour l'excès de la circonspection et celui de l'audace. Le souvenir du fatal échec de Sainte-Lucie ne l'empêcha pas de se préparer à des entreprises dignes de l'impétuosité française. L'amiral Byron n'avait que vingt-un vaisseaux de ligne à lui opposer. Le comte d'Estaing résolut d'attaquer l'île de Saint-Vincent, et ensuite celle de la Grenade. Quelques frégates, confiées au chevalier de Saint-Romain, suffirent pour la conquête de la première. Les Caraïbes,

Conquête de l'île Saint-Vincent et de la Grenade. 1779.

habitans d'une partie de cette île, dont les
Anglais avaient peu ménagé la sauvage indépendance, s'unirent aux Français pour
investir une faible garnison qui posa les armés sans combat.

Des fortifications imposantes semblaient
mettre la Grenade à l'abri d'une surprise.
Le gouverneur, Macartney, avait sous ses
ordres mille soldats soutenus par des milices
du pays. Le 2 juillet, le comte d'Estaing y
débarque avec deux mille trois cents hommes. Bien sûr que Byron ne tardera point
à venir le chercher dans ces parages, il ne
veut pas différer l'attaque. Il partage sa petite troupe en trois colonnes ; il commande
celle du centre ; le colonel Arthur Dillon
marche à la tête de ses braves Irlandais. Le
vicomte de Noailles, guerrier non moins
valeureux, est à la tête de la troisième co-
lonne. On se dirige vers un morne fortifié
qui domine la forteresse, la ville et le port.
Après quelques attaques simulées l'assaut
se donne. D'Estaing saute le premier dans
les retranchemens ennemis ; les grenadiers
et les canonniers le suivent : Français, Irlandais se précipitent avec une égale ardeur.
Arthur Dillon, quoique blessé, ne cesse
d'animer ses soldats. Tous les retranche-

mens sont emportés avant la nuit; le sang des vaincus est épargné. Le lendemain, le fort capitule, ou plutôt les Anglais se livrent à la discrétion des vainqueurs.

Bientôt la fortune présente à d'Estaing l'espoir d'un triomphe plus important. Il voit, le 6 juillet, l'escadre de Byron qui s'approche, et croit encore pouvoir secourir la Grenade menacée : c'est à qui des soldats français obtiendra la permission de monter sur les vaisseaux. Les Anglais reconnaissent leur erreur en s'approchant du port; mais il n'est plus temps pour eux d'éviter le combat : ils l'engagent au moins de manière à s'assurer une retraite facile; les vents favorisent cette disposition; mais trois vaisseaux anglais, qui ont été exposés au premier choc, sont en danger de périr ou d'être pris. Byron parvient à les rallier à son escadre, et se retire à Saint-Christophe. D'Estaing vient se présenter devant lui, et pendant plusieurs jours lui offre inutilement le combat. Les Français dominent sur la mer des Antilles.

Les trois événemens militaires qui, sous le règne de Louis XV, et sous celui de Louis XVI, excitèrent le plus l'enthousiasme des Français, furent la bataille de Fonte-

Singulière exaltation des esprits en France, après la prise de la Grenade.

noy, la prise de Mahon et celle de la Grenade. Un seul pourtant, et c'est le premier, paraissait digne d'exalter l'orgueil d'une nation qui comptait tant de grandes journées dans ses fastes militaires. La prise du fort Mahon ouvrait avec éclat une guerre qu'on n'avait pas envisagée sans terreur. Un brillant assaut avait été suivi d'une victoire navale assez bien caractérisée. La conquête de la Grenade était un événement à peu près de la même nature, mais dans de plus petites proportions. Il n'y avait pas là de fort Saint-Philippe ; la bataille navale n'avait eu qu'un résultat médiocre ; mais, depuis vingt ans on n'avait pas entendu parler, d'un de ces exploits, où la valeur française brille de cette vivacité, et, si j'ose le dire, de cette grâce qui lui est particulière. On maudissait une circonspection savante qui conduisait à des résultats ou funestes ou insignifians ; on attendait tout d'un général qui rivalisait d'ardeur avec ses grenadiers.

Funeste expédition de Savanah.
1779.
Tandis qu'on se plaisait à voir le comte d'Estaing arborer successivement l'étendard de France sur tous les forts anglais des Antilles, et augmenter notre richesse coloniale de possessions déjà florissantes et faites pour exercer notre active industrie, un mouve-

ment plus généreux que réfléchi l'avait porté
au secours de ces insurgens dont, en France, on oubliait un moment la cause. Pressé
par les cris des Américains, qui murmu-
raient contre leurs alliés, et se plaignaient
de toutes les entreprises inutiles à leur salu-
lut, il avait tourné ses voiles vers Savanah,
capitale de la Géorgie. En arrachant cette
ville aux Anglais, il délivrait toute la partie
méridionale des États-Unis. Une autre entreprise sur New-Yorck, que la même année
pouvait voir accomplie, terminait cette
guerre continentale. Ainsi, le comte d'Estaing renonçait volontairement aux conquêtes faciles qui pouvaient suivre celle de la
Grenade; il sacrifiait une gloire presque
assurée pour une expédition hasardeuse, et
préférait l'honneur de sa patrie aux avantages directs qu'il pouvait lui assurer. Je dois
faire ici une remarque non moins importante pour notre gloire nationale que pour
l'intérêt de la morale politique. Les Français, qui se reprochaient l'affaire de Rhode-
Island, brûlaient de l'expier, et ils ne cessèrent plus de se montrer généreux pour
chacun de leurs alliés dans le cours de cette
guerre maritime. Si la France fut presque
toujours puissante par ses alliances, elle le

dut à un caractère de fidélité héroïque qui
faisait encore plus le partage de ses guerriers que de ses hommes d'État. Elle est de-
meurée forte pour avoir conservé ce reste
précieux de l'esprit de chevalerie. Ses intérêts politiques ont résisté à des fautes et à
des malheurs multipliés, parce qu'elle a repoussé le plus souvent l'égoïsme national.
Le malheur qu'éprouva le comte d'Estaing
sous les murs de Savanah, ne doit pas effacer le mérite d'une résolution loyale et
toute française.

Cette ville était pour les Anglais une place
d'armes, d'où ils faisaient de continuelles
excursions, non-seulement dans la Géorgie,
mais dans les deux Carolines. Les insurgens
de ces contrées avaient peine à se défendre
contre des royalistes nombreux! Washington
était aussi occupé à étouffer des semences
de dissensions intestines, qu'à contenir l'armée anglaise dans New-Yorck et Rhode-Island. Sullivan employait des troupes aguerries à punir des hordes sauvages qui avaient
couvert de sang et de ruines des cantons po-
puleux. Le général américain Lincoln, qui
commandait les troupes géorgiennes, avait
reçu avis de l'arrivée de la flotte française.
Il vint, avec un corps peu nombreux, pro-

téger le débarquement, qui eut lieu sans
obstacle le 15 septembre, à trois milles de
Savanah. Cinq mille Français se réunirent à
trois mille Américains. Ces derniers avaient
dans leurs rangs Pulawski, et d'autres Polonais, ardens encore à défendre la liberté
lorsqu'ils étaient sans patrie. Le général
anglais Prevost, qui commandait dans Savanah, répondit en termes vagues et faibles, qui semblaient annoncer une intention prochaine de capituler ; mais il attendait un renfort considérable. Une trêve qu'il
obtint, et qu'il eut l'art de prolonger, lui
permit de recevoir ce renfort et d'achever,
avec le secours des Nègres, les fortifications
de la place. Dès lors il changea de langage.
Le siége, qu'on avait trop différé, paraissait devoir traîner en longueur. D'Estaing,
confus d'avoir été joué, ne parlait que de
punir sans délai un ennemi perfide. Il faisait
pleuvoir les bombes sur une ville américaine. Les Anglais voyaient avec flegme la
destruction de Savanah ; leurs ouvrages
avancés n'avaient encore que peu souffert.
Le mouillage de la flotte française n'était
pas sûr : on touchait à une saison qui le
rendait plus dangereux. Les inquiétudes que
le comte d'Estaing concevait, comme ma-

rin, lui firent faire, comme général, une faute sur laquelle l'expédition de Sainte-Lucie eût dû le rendre circonspect. Les murs de Savanah n'offraient point de brèche praticable quand il résolut de les emporter d'assaut. Le 9 octobre, les alliés s'avancent sous le feu d'une artillerie que les Anglais dirigeaient avec beaucoup d'art et de précision. D'Estaing, Lincoln et Pulawski combattaient avec la plus noble émulation de courage. Après beaucoup d'efforts, quelques grenadiers français parviennent à sauter dans la ville : une vive canonnade arrête les troupes qui veulent les suivre. Une brèche a été ouverte sur un autre point : Pulawski y court à toute bride avec deux cents cavaliers; il espère y pénétrer et venir aux secours des grenadiers français : comme il est près de la muraille, il reçoit une blessure mortelle. Sa troupe hésite. D'Estaing veut renouveler le même effort; il est blessé à son tour, ainsi que les vicomtes de Fontange, de Bethisi, et le baron de Steding. Il faut penser à la retraite; elle se fait en bon ordre : faible consolation d'un tel revers. La perte des alliés, en tués, blessés et prisonniers, s'élevait à près de onze cents hommes Affaiblis à ce point, comment continuer le siége? Lincoln se rejette avec les Américains dans la Caroline : d'Estaing regagne tristement ses vaisseaux; il en conduit une partie aux Antilles; et revient avec le reste en Europe.

En se présentant deux fois sans succès sur les côtes du continent américain, d'Estaing avait, par sa seule apparition, produit plus d'effet que par ses armes. En 1778, les Anglais, sur le bruit de son approche, avaient quitté Philadelphie. En 1779, Clinton, effrayé par la même cause, abandonna Rhode-Island pour concentrer ses forces autour de New-Yorck, où il ne fut point attaqué.

Évacuation de Rhode-Island par les Anglais.
1779.

· Comme le comte d'Estaing avait honoré ses revers par sa bravoure, l'opinion publique lui demeura plus fidèle qu'elle ne l'est ordinairement à un général malheureux; mais il cessa d'être employé par la cour de France. On se plut à répandre que des ministres jaloux, et des marins insubordonnés, arrêtaient dans sa carrière le seul de nos généraux et de nos amiraux qui se fît craindre des Anglais. Dix ans après on eut une triste occasion de reconnaître que le comte d'Estaing, malgré des qualités brillantes, était bien loin de pouvoir prétendre à la réputation d'un grand caractère et d'un esprit fécond en ressources.

Deux hommes avaient conduit avec succès, pendant l'année 1779, une expédition utile : c'étaient le marquis de Vaudreuil et le duc de Lauzun. Le premier s'était présenté avec une petite escadre devant l'établissement du Sénégal, que nous avions cédé aux Anglais par le traité de Paris. Le duc de Lauzun avait soumis avec rapidité plusieurs forts anglais sur les rivières de Gambie et de Sierra-Léona.

Ainsi les quatre parties du monde étaient engagées dans cette guerre; mais elle acquérait moins de vigueur que d'étendue. La France avait pour elle les vœux et les secours indirects de toutes les puissances maritimes. Les cours du nord de l'Europe,

malgré les motifs permanens de rivalité, préparaient, sous les auspices et par les soins du comte de Vergennes, une ligue dont la combinaison était un événement nouveau dans la diplomatie. L'Angleterre, depuis le commencement du siècle, s'était arrogé un droit qui rendait les guerres maritimes plus profitables pour son commerce que la paix même; elle soumettait à un droit de visite les navires des puissances neutres, les confisquait sous différens prétextes, et surtout lorsqu'il portaient à ses ennemis des instrumens et des matériaux pour des constructions navales. L'impératrice de Russie, Catherine II, avait trop le sentiment de sa puissance et de sa gloire pour tolérer cet outrage. La crainte d'être forcée à l'endurer en silence l'avait détournée d'une guerre contre la Turquie. Ces deux empires s'étaient trouvés heureux que la France calmât leurs nouveaux différens. Le roi de Suède, Gustave III, était impatient de donner une dignité extérieure à la couronne qu'il avait en quelque sorte reconquise. Il entraîna dans ses résolutions le roi de Danemarck, intéressé, comme lui, à ne point souffrir de gêne dans une exportation assez considérable. Ces puissances publièrent un commun manifeste pour annoncer que des croisières protégeraient le commerce de leurs sujets : voilà ce qui fut appelé *la neutralité armée* ; effort sans doute trop faible, vu l'excès de l'oppression commune, mais qui pouvait faire craindre aux Anglais d'irriter de nouveau les puissances de la Baltique. Ils affectèrent de les ménager, mais sans déroger textuellement à un droit prétendu dont ils faisaient, comme de leur acte de navigation, le palladium d'un commerce usurpateur.

Les Anglais menacent la Hollande. Ils eurent beaucoup moins de modération envers la Hollande. Cette république expiait chaque jour le tort d'une timide déférence pour une puissance maritime qui régnait à sa place dans les mers des Indes, et paraissait, non pas protéger, mais tolérer l'existence de ses belles colonies. La maison d'Orange, autrefois si distinguée par l'énergie de son patriotisme, était devenue, depuis le rétablissement du stathoudérat, secrètement complice de l'abaissement de sa patrie. Comme elle avait besoin d'être protégée contre les ressentimens et les ombrages des vieux républicains, elle mettait tout son espoir dans l'Angleterre, et livrait la Hollande au vasselage qu'elle-même subissait. Il tardait aux Anglais de se dépouiller du vain masque de protecteurs de la Hollande, pour fondre sur ses colonies, et saisir avidement tous les avantages d'une attaque imprévue. Le plan de campagne de leurs ministres, pour l'année 1780, était dirigé vers ce but. Les craintes qui avaient rendu long-temps leur politique timide, avaient cessé depuis la vaine apparition des escadres combinées de France et d'Espagne dans le

cánal de la Manche. Ils se réjouissaient surtout de ce que le siége de Gibraltar employait et consumait les forces les plus imposantes de ces deux puissances.

Gibraltar, depuis la déclaration de l'Es-
pague, était bloqué par terre. Les divisions
de l'escadre espagnole allaient quitter successivement la rade de Brest et celle de
Cadix pour fermer aux Anglais l'entrée du
détroit. Déjà don Juan de Langara croisait
à la hauteur du cap Sainte-Marie avec une
escadre de neuf vaisseaux de ligne. L'amiral
Rodney, qui avait reçu la mission d'appro-
visionner Gibraltar avant de se rendre aux
Antilles , s'efforça de saisir le moment où
les forces espagnoles n'étaient point encore
rassemblées : nul des amiraux anglais ne
comptait davantage sur la fortune; et l'audace de ses promesses paraissait aller jusqu'à la jactance. Il avait obtenu de grands
succès dans la guerre de sept ans. Quand
celle d'Amérique éclata, il se trouvait en
France. Des dettes qu'il avait imprudem-
ment contractées le retinrent plus d'un
an à Paris. Un jour, en dînant chez le maréchal de Biron , il s'était expliqué avec un
égal dédain sur la timidité des marins français et sur celle de ses compatriotes. Il an-

nonçait que, s'il se trouvait à la tête d'une escadre anglaise, il saurait bien détruire successivement les forces navales des Espagnols et celles des Français. Cette indiscrétion fut ce qui lui rouvrit le chemin de la gloire. Le maréchal de Biron tira une vengeance noble, mais indiscrète, de cette insulte faite à sa patrie : peu de jours après il acquitta les dettes de Rodney. *Partez, monsieur, lui dit-il ; essayez de réaliser vos promesses ; les Français ne veulent pas se prévaloir de l'obstacle qui vous empêchait de les accomplir : c'est par leur bravoure qu'ils mettent leurs ennemis hors de combat.*

L'amiral Rodney bat une escadre espagnole, et ravitaille Gibraltar.
8 janvier.
1780.

Rodney partit, vint répéter à Londres et au cabinet de Saint-James les discours qu'il avait tenus à Paris. Une flotte de vingt-un vaisseaux de ligne et un immense convoi lui furent confiés. La fortune (qu'on me permette de me servir souvent de ce mot dans le récit d'une guerre maritime) lui fit d'abord rencontrer vingt-une voiles espagnoles qui voyageaient sous l'escorte d'un vaisseau de ligne. Il s'empara du convoi et du vaisseau. Peu de jours après il rencontra, à la hauteur du cap Sainte-Marie, don Juan de Langara, qui attendait, avec neuf vaisseaux, des renforts que la tempête et de mauvaises manœuvres avaient arrêtés dans leur marche. Rodney le força au combat. La valeur ne put que retarder l'issue désastreuse de cette lutte inégale. Les Espagnols, inférieurs en force, avaient en outre le désavantage de monter des vaisseaux trop lourds. La mer, violemment agitée, les poussait contre les rochers de San-Lucar. Après un long choc, un des vaisseaux espagnols s'embrase, et six cents hommes sont abîmés dans les flots. Trois autres amènent leur pavillon. Don Juan combattait encore sur son vaisseau amiral, *le Phénix*, de 80 canons. Blessé dangereusement, et n'ayant plus autour de lui que des hommes hors de combat, il se rend aux Anglais. Deux autres vaisseaux espagnols furent pris dans la poursuite ; mais, par un singulier coup du sort, ceux qui s'en emparèrent furent conduits à Cadix. La tempête les avait jetés entre des écueils. Les pilotes espagnols, manœuvrant avec habileté, sauvèrent la vie de leurs vainqueurs, dont ils firent leurs captifs. Rodney entra triomphant à Gibraltar, où il amenait des provisions de toute espèce. C'était la première victoire navale que les maîtres de la mer eussent encore remportée dans une guerre si fertile en événemens. L'effet en était important , mais la gloire en était médiocre.

Glorieuses ba-
tailles du com-
te de Guichen
contre Rod-
ney.
1780.

Une année commencée, pour les alliés , sous de si tristes présages , fut cependant celle qui fit le plus craindre aux Anglais d'avoir rencontré , dans les Français , des rivaux avec lesquels il faudrait désormais partager l'empire des mers. L'amiral Rodney avait fait une grande diligence pour se porter aux Antilles. Le comte de Guichen , qui remplaçait le comte d'Estaing dans le commandement de l'escadre , était arrivé , avec vingt-deux vaisseaux , devant Sainte-Lucie. Rodney, qui en avait vingt , mais d'une force supérieure à ceux de l'escadre française , présenta le combat , qui ne fut point accepté. Les deux flottes s'observèrent , et les Français étonnèrent leurs ennemis par la précision et l'habileté de leurs manœuvres. Rodney ne voulait engager l'action que lorsqu'elle lui promettrait une victoire décisive. Après des évolutions savantes , mais inutiles, Rodney entra au port de Sainte-Lucie ; Guichen , au Fort-Royal de la Martinique.

Ce dernier sortit le 13 avril , conduisant avec lui des troupes de débarquement. Rodney le menaça de lui fermer le retour à la

Martinique. Le 16, Rodney ayant bien disposé toute sa ligne, attaque le comte de Guichen, qui n'avait pas encore rallié la sienne. L'amiral anglais, favorisé par le vent, espère accabler l'escadre française avant qu'elle ait été fortifiée de plusieurs vaisseaux en |retard. Presqu'au même instant son avant-garde est aux prises avec l'arrière-garde française, et son corps de bataille vient attaquer le centre, commandé par le comte de Guichen. Les deux vaisseaux amiraux, l'un *la Couronne*, de 80 canons, l'autre *le Sandwich*, de même force, se cherchent et se livrent un combat furieux d'où dépend le sort de la bataille. Rodney et Guichen, pendant ce choc, veillent également sur toutes leurs divisions. Rodney se dégage pour rompre sur un autre point la ligne des Français, et pour couper leur avant-garde, qui est devenue arrière-garde par la manœuvre du comte de Guichen. Un seul vaisseau, *le Destin*, l'arrête quelque temps. Bientôt le comte de Guichen revient, avec toutes ses forces, rejoindre la division menacée. Rodney veut recourir à des évolutions compliquées, mais ses signaux sont mal exécutés. Le vaisseau qu'il monte va bientôt être hors de service : le combat cesse, et les Français peuvent se féliciter d'une première victoire.

Deux autres batailles données par le comte de Guichen, dans cette année.1780, ne furent pas moins glorieuses. Il avait remis à la voile, et c'était encore Sainte-Lucie qu'il menaçait ; mais il s'aperçut bientôt qu'il ne pouvait faire de surprise à Rodney. Les deux escadres furent bientôt à portée l'une de l'autre. Guichen se retira, mais avec l'espérance que les Anglais mettraient dans la poursuite un désordre dont il pourrait profiter. Il s'arrêtait quelquefois et se présentait dans le plus bel ordre de bataille. Le 15 mai au soir, son arrière-garde fut atteinte par l'avant-garde anglaise. Le feu fut vif et ne produisit d'autre effet que d'endommager de part et d'autre des vaisseaux qui vinrent en bon ordre rejoindre leur escadre. Le 19 mai, Guichen attendait la bataille : Rodney vint la présenter. Rien ne fut donné à l'impétuosité dans ce choc général. Rodney fut forcé par son adversaire d'être méthodique dans tous ses mouvemens ; il ne put parvenir à rompre sur aucun point la ligne des vaisseaux français. Désespéré d'avoir fait trois efforts inutiles, il alla mouiller à la Barbade, et eut, en y entrant, le chagrin de voir périr un de ses vaisseaux qui avait été exposé au plus grand feu de la bataille. Le comte de Guichen revint avec tous ses vaisseaux à la Martinique. Il avait eu, dans ces deux combats, environ douze cents homme tués ou blessés, et sept ou huit cents dans la bataille du 16 mai. La perte des Anglais dut être au moins égale. Parmi les bons officiers que ces batailles enlevèrent à la marine française, on regrettait le fils du comte de Guichen.

Le résultat de la dernière action était extrêmement avantageux aux Français, parce qu'ils attendaient l'arrivée de douze vaisseaux de ligne espagnols, et que l'amiral Rodney, forcé d'entrer dans un mouillage incommode, leur ouvrait un libre passage. La jonction des deux escadres française et espagnole se fit sans obstacle, entre la Dominique et la Guadeloupe. Rodney était sorti trop tard pour l'empêcher. Que ne devait-on pas espérer d'une escadre qui, après avoir livré trois combats glorieux, se trouvait accrue de douze vaisseaux de haut bord, d'un grand nombre de frégates, et de douze mille soldats espagnols! Solano, qui avait amené un si puissant renfort, était cité pour sa loyauté et pour sa bravoure. Il avait promis

Jonction des escadres française et espagnole dans les Antilles. 1780.

à son gouvernement la conquête de la Jamaïque. Guichen avait promis au sien celle des possessions anglaises dans les îles , et surtout la reprise de Sainte-Lucie. Ces deux amiraux ne purent parvenir à s'accorder sur les opérations qu'ils allaient accomplir. La joie qu'avaient eue les soldats français , en se mêlant aux soldats espagnols , fit place au sentiment le plus pénible , quand ils virent ceux-ci frappés d'une maladie contagieuse , qui était moins le résultat d'une longue traversée , que de la malpropreté , vice héréditaire de cette nation. Les précautions de l'hygiène navale n'étaient alors bien connues que des Anglais ; elles opéraient , pour l'accroissement ou pour le maintien de leur puissance maritime , plus d'effet que leurs évolutions. Quand on combat une nation instruite et industrieuse, il faut rivaliser avec elle dans tout ce que les arts et les sciences imaginent pour le développement des moyens militaires. Les Français négligeaient différens détails pour la salubrité de leurs vaisseaux et le régime de l'équipage ; les Espagnols négligeaient ou ignoraient jusqu'aux plus simples précautions. C'était surtout à cette cause que les Anglais , menacés , l'année précédente , sur leurs propres rivages ,

par soixante-six vaisseaux de ligne , avaient
dû leur salut; c'est à elle qu'ils .durent , en
1780 , de conserver leurs îles d'Amérique.
En peu de temps les Français furent frappés
de la même maladie que les Espagnols. On
n'était occupé que de débarquer .des ma-
lades , qui rarement recouvraient la santé
sous le soleil brûlant des Antilles. Rodney
reçut des renforts. Guichen , qui perdait le
fruit d'une campagne glorieuse , saisit le
prétexte d'une escorte à donner aux convois
de Saint-Domingue et de la Havane , pour
revenir en Europe avec des équipages languissans qui imploraient la terre natale. Au
moins cette année fut la première où tous
les retours furent heureux. L'intrépide Lamothe-Piquet avait donné aux marins l'exemple de se dévouer pour le salut du .com-
merce. Il avait rendu fameux , par plusieurs
actions d'éclat , l'*Annibal*, vaisseau de 74.

La guerre des Antilles , le siége de Gi- Langueur des
braltar , faisaient le désespoir des insurgens insurgens. Ses
d'Amérique, qui se croyaient oubliés , et causes.
qui auraient voulu que toutes les flottes d'Espagne et de France fussent employées à la
sûreté de leurs rivages. L'énergie républicaine était bien affaiblie dans une nation
qui demandait à deux monarques d'arracher

aux Anglais cinq ou six villes que ceux-ci
possédaient encore. Les insurgens auraient
été sans excuse à cette époque, s'ils avaient
formé une seule nation ; mais ils conti-
nuaient d'en former treize. Leur plus grande
crainte était d'être trop intimement unis
entre eux. Leur commerce languissait ; un
besoin continuel de munitions le rendait dés-
avantageux. Les ressources de l'agriculture
s'affaiblissaient dans un pays souvent dévasté ; le papier-monnaie, toujours funeste
dès qu'un patriotisme exalté ne prête point
de valeur à des hypothèques incertaines ou
illusoires, tombait avec une extrême rapidité. La guerre avait moissonné beaucoup
d'ardens républicains ; les négociations appelaient ou retenaient au loin plusieurs de
ceux qui, par leurs lumières et leurs vertus,
étaient les appuis de la patrie ; les membres
du congrès se montraient, en général, extrêmement craintifs sur l'établissement d'une
force militaire qui eût survécu à la nécessité
de combattre. Le général Lee venait d'être
humilié : le congrès avait puni sa conduite
équivoque dans la bataille de Montmouth,
par une année d'interdiction du service militaire. Arnold faisait oublier sa gloire par
des vices qui allaient le précipiter dans un

crime. Le général Gates n'avait plus de commandement. Sullivan n'était point heureux. Washington ne voulait être ni paraître un dictateur perpétuel ; il faisait des représentations dans les jours tranquilles, et ne donnait des ordres qu'à l'approche des plus grands périls. Il reconnaissait ne pouvoir plus sauver sa patrie qu'à l'aide d'une armée française ; Franklin et le marquis de La Fayette veillaient, de Paris, à en presser la formation et le départ.

Des revers multipliés furent pour les Américains les suites de la fatale journée de Savanah. Les Anglais, qui reçurent des renforts considérables, reconquirent toute la Géorgie, et ne cessèrent de désoler les deux Carolines. Le général Cornwalis, qui dirigeait cette expédition, ne permit à l'Américain Lincoln de rallier ses troupes dans aucune position. Bientôt il le força de s'enfermer dans Charles-Town ; et, après un siége conduit avec vigueur, il entra dans cette ville, où il fit prisonniers tous les Américains échappés à Savanah. Les Anglais, et surtout les Hessois, qui faisaient la force principale de cette armée, parcoururent en vainqueurs impitoyables une province où tout excitait leur cupidité, où rien ne met-

Prise de Charles-Town par les Anglais. 1780.

tait plus leur courage à l'épreuve. Les patriotes abandonnaient les villes ; ils avaient
à craindre d'être fusillés, même après avoir
posé les armes. Les femmes de la Caroline
osèrent seules défendre quelquefois leurs
foyers cóntre les Anglais : bientôt elles furent comprises dans la proscription. Elles
s'estimaient heureuses d'être réunies à leurs
maris, à leurs enfans, dans les prisons ou
à bord des vaisseaux qui les conduisaient en
exil. Les lettres qu'elles écrivaient de là
étaient des manifestes qui ramenaient au
combat leurs compatriotes. Souvent elles
parvenaient à s'échapper avec leurs fils, avec
leurs frères, et elles en faisaient des soldats
intrépides.

La constance des femmes de la Caroline
produisit les plus heureux effets. Des levées,
que depuis long-temps on n'osait plus faire
dans l'épuisement du trésor public, se firent,
comme au commencement de la guerre,
au nom de l'honneur et de la patrie. Boston
et tout le Massachusset revinrent à leur première ardeur. Washington eût voulu conduire les secours qui marchaient vers la Caroline, mais sa petite armée était plus que
jamais nécessaire à la défense du Jersey, et
même de Philadelphie. La possession de

New-Yorck permettait à Clinton de renouveler souvent ses excursions et ses attaques. Le moment allait bientôt venir d'attaquer les Anglais dans un poste si inquiétant pour toute l'Amérique. Le marquis de La Fayette et le chevalier de la Luzerne, nouveau ministre de la cour de France auprès du congrès, venaient de débarquer en annonçant l'arrivée d'une escadre et d'un convoi. Washington cherchait les moyens de faire la jonction de son armée avec ce corps auxiliaire.

Le général Gates, qui avait été à Saratoga le libérateur du nord de sa patrie, fut nommé pour délivrer le midi d'un conquérant plus redoutable que Burgoyne. Il fit diligence, et, le 16 août, il présenta, auprès de Cambden, la bataille à Cornwalis. Les Américains, à l'exemple de leur chef, se battirent avec courage ; mais une trop longue interruption des grands mouvemens militaires les avait ramenés à leur première indiscipline. Leur défaite, sans être honteuse, fut sanglante : ils perdirent plus de deux mille hommes. Cornwalis eût ardemment profité de sa victoire, si Clinton ne lui eût fait savoir dans quel péril le mettait l'arrivée, à Rhode-Island, d'une escadre de sept

Bataille de Cambden, 1780.

vaisseaux de lignes commandée par le chevalier de Ternay, et de six mille soldats français sous les ordres du lieutenant-général
de Rochambeau.

Le plus pur héroïsme éclatait dans cette
petite armée. Je ne puis me défendre ici de
quelques réflexions sur le caractère et sur
le sort de plusieurs officiers français qui
furent employés à la guerre d'Amérique.
Quelque conformité qui régnât alors dans
leurs sentimens, ils devaient être jetés dans
des partis opposés pendant la révolution de
leur patrie ; presque tous y figurèrent : les
malheurs les plus tragiques attendaient les
uns ; un bonheur soutenu fut le partage des
autres. Mais plusieurs traits paraissent leur
avoir été communs : à une intrépidité calme
chez les uns, impétueuse chez les autres, ils
joignaient l'esprit d'observation, l'amour du
travail, le mépris de toute espèce de fatigue.
Un rapport tout-à-fait fortuit, et qui devait
avoir une grande influence tant sur leur
destinée que sur la nôtre, c'est qu'ils étaient
presque tous d'un âge où l'événement qu'ils
venaient contempler et affermir, l'établissement d'une vaste république, devait frapper vivement leur imagination. Ceux même
qui avaient le plus de crédit à Versailles,

trouvaient les pompes et l'agitation d'une cour languissante , auprès des exercices et des travaux d'un peuple libre. Le gouvernement français avait voulu qu'ils reçussent les ordres de Washington : ils étaient fiers d'être subordonnés à un grand homme. Plus ils voyaient de simplicité en lui , plus ils le trouvaient semblable à ces héros de l'antiquité dont Plutarque a tracé la physionomie calme et imposante. Ceux même qui se piquaient le plus de penser en philosophes , voulaient agir en chevaliers.

La petite armée de Rochambeau resta plusieurs mois inactive à Rhode-Island , parce qu'elle y fut bloquée par l'escadre anglaise ; mais elle s'y fortifia si bien , que Clinton ne put l'y venir attaquer.

La trahison d'Arnold éclata dans cet intervalle. Cet officier s'était trop enivré des louanges et de la reconnaissance de ses concitoyens ; il voulut jouir de sa gloire comme s'il n'avait plus rien à y ajouter. Les blessures graves et nombreuses qu'il avait reçues lui prescrivaient un repos momentané : il crut l'ennoblir par un faste excessif. Dès lors il annonça des vices qui étaient rares alors chez les Américains. Tandis que les dangers de sa patrie l'appelaient, soit dans le

Trahison d'Arnold. 1780.

camp de Washington , soit à la défense de
la Géorgie et des Carolines, il accepta le
poste inactif de gouverneur de Philadelphie. En cessant d'être brave, il cessa d'être
citoyen. Arrogant , cupide , couvrant ses
dépenses par des spéculations peu honorables , il se plaignait d'être oublié , lorsqu'il s'oubliait lui-même. Le congrès eut
deux fois à examiner sa conduite pour des
faits de concussion, et parut ne lui épargner
une sentence rigoureuse qu'en considération
de ses services passés. Irrité comme s'il avait
subi une condamnation formelle, il colora
d'un prétexte de vengeance une trahison à
laquelle il était amené par sa cupidité. Dès
que les Anglais eurent connu ses dispositions, ils songèrent au parti qu'ils pourraient en tirer ; et eurent la joie de trouver
accessible à d'infàmes promesses l'homme
qui avait le plus contribué , par son héroïsme, à leur faire essuyer l'affront de Saratoga. Ce n'était pas assez pour lui de passer
dans leurs rangs : il consentait à leur vendre
le salut de sa patrie.

De tous les forts que les Américains avaient
élevés depuis là guerre, il n'y en avait point
de plus important pour eux que celui de
West-Point, bâti sur la rivière du Nord. Deux

ingénieurs français, Portail et Gouvion, y avaient fait des travaux distingués. Les Anglais, en l'occupant par surprise, pouvaient se porter rapidement sur les derrières de l'armée de Washington, et, la plaçant entre deux feux, lui fermer toute retraite. Arnold demanda au congrès le commandement de cette forteresse, et l'obtint sans peine. Celui qui s'était montré le plus vaillant des guerriers américains pouvait-il être soupçonné de perfidie ? Le général Clinton avait chargé de conférer avec lui le major André, jeune homme digne d'une mission plus convenable à la loyauté de son caractère. Celui-ci revenait de cette conférence, portant avec lui le plan de la forteresse et les instructions données par Arnold sur les moyens de s'en emparer. Il était déjà près de rejoindre les siens, lorsqu'il fut rencontré par trois hommes des milices américaines. Il montre un passe-port qu'Arnold lui avait donné sous un nom supposé : on le laisse continuer sa route. L'instant d'après, sur quelques vagues soupçons, on le rappelle. Une question insidieuse qu'on lui adresse le fait connaître pour un Anglais : il est arrêté. Des offres d'argent, par lesquelles il s'est en vain flatté de tenter la foi des soldats, n'ont

fait que déceler l'importance de son grade
et celle de sa mission. Ses papiers, qu'on
découvre, offrent une preuve manifeste du
crime d'Arnold ; mais des hommes habitués à prononcer son nom avec reconnaissance doutent de ce qu'ils lisent : ce fut là
le salut du traître. On n'avait fait aucune
diligence pour l'arrêter, lorsqu'il apprit le
malheur de l'officier anglais. Il s'échappa :
un navire le reçut et le conduisit vers Clinton. Il osa exciter, par un manifeste, les
guerriers dont il abandonnait les drapeaux,
à suivre son exemple. Il écrivit dans ce sens
à Washington, oubliant qu'il s'était rendu
le dernier des hommes, et que Washington
en était le premier.

La découverte de ce complot, sans pro-
duire dans l'Amérique ce vif élan de patriotisme que montraient les républiques anciennes après de semblables dangers, rendit
des forces nouvelles à une révolution dont
les principes languissaient. Le nombre des
royalistes, loin de s'accroître, diminua sen-
siblement, tant chacun eût rougi d'assimiler
son nom à celui d'Arnold. Clinton intercéda
en vain pour le malheureux André : les guerriers français, quoique touchés du noble
caractère et des qualités intéressantes qu'il

déploya près de ses derniers momens, insis-
tèrent pour qu'il fût pendu comme espion.
Le supplice d'André rendit Arnold odieux
aux Anglais, qui déjà prenaient peu de soin
de lui cacher leur mépris. Pour se délivrer
d'une situation si cruelle, il obtint d'entrer
en campagne; mais il ne fit qu'ajouter à sa
honte, en prouvant que les blessures qui
avaient servi de prétexte à son inaction ne
l'avaient point rendu inhabile aux armes. Il
eut la même valeur, mais elle ne fut plus
appelée que brigandage.

Revenons en Europe, et voyons quelle
était alors la situation intérieure de l'Angleterre, et celle de la France.

Lord North et lord Bute étaient confondus Situation intérieure de l'An-
gleterre
1781.
de la nature des obstacles qui ne cessaient de
contrarier le plan qu'ils avaient conçu pour
étendre l'autorité du roi de la Grande-Bretagne par un nouveau système colonial.
« Tous les rois, s'étaient dit ces deux hommes
d'État, applaudiront aux efforts courageux de
la maison de Hanovre ; ils savent combien
est chancelant le trône sur lequel elle est as-
sise. Chacun d'eux pressent aussi les nouveaux périls auxquels le sien est exposé. »
L'événement avait tellement démenti leurs
espérances, qu'ils voyaient tous les rois ar-

més contre leur système ; ils ne savaient plus que penser de la politique des cabinets.

Les Wighs reconquéraient lentement, dans toutes les parties de l'Angleterre, l'ascendant qu'ils avaient perdu depuis la paix de 1763. La majorité des suffrages, dans les deux chambres, était si faible en faveur des ministres, que des échecs éprouvés sur la mer ou sur le continent devaient déterminer leur chute. Les Wighs maintenaient le peuple dans un état continuel d'agitation. Le sang coulait dans des émeutes et dans des duels. Deux chefs de l'opposition, Fox et le comte de Shelburne, avaient soutenu chacun un combat singulier contre des adversaires de leurs principes. Blessés l'un et l'autre, ils avaient excité plus d'intérêt que s'ils fussent sortis d'une bataille décisive contre les Français. Mais un événement bizarre et déplorable vint offrir une diversion aux esprits : les fureurs d'une populace fanatique, conduite par un fou qui s'érigeait en Catilina, forcèrent tous ceux qui se disputaient l'autorité à s'accorder momentanément pour le salut de leurs foyers.

Sédition excitée à Londres par lord Gordon.

Le parlement venait de modifier, par un bill, les peines atroces que les lois anglaises avaient prononcées depuis long-temps con-

tre les catholiques, et dont la rigueur avait
encore été accrue après la brillante et funeste expédition du prince Charles Édouard.
Tel était à cette époque l'empire de la philosophie, que lord North, lord Germaine,
Fox et Wilkes avaient voté de concert pour
cet acte de tolérance. Cette union était d'autant plus remarquable, que le roi passait pour
être un ennemi implacable des catholiques..
Un membre de la chambre des communes,.
lord Gordon, méprisé pour l'extravagance
de ses discours et de sa conduite, s'était
opposé à ce bill en termes séditieux. Rien
n'avait paru plus ridicule que d'entendre,
au dix-huitième siècle, un homme d'un
rang considéré et d'une naissance honorable,
imiter le ton à la fois prophétique et bur-
lesque, mystique et factieux, d'un membre
de l'armée des saints. Cinq ou six députés
avaient appuyé sa réclamation. Déjà il s'était
formé en Écosse une association pour le maintien de la religion protestante. Lord Gordon
voulut en former une du même genre au
sein de la capitale. Le ministère et le parlement même fermèrent les yeux sur un
appel aux protestans, qu'il osa faire insé-
rer dans les papiers publics. Il invita les
partisans qu'il avait dans la populace à se

15 juin
1780.

rendre aux champs de Saint-George, avec
une cocarde bleue pour signe de ralliement.
Nulle mesure ne fut prise pour prévenir ou
pour disperser un rassemblement si ouvertement séditieux. Cette troupe, formée de
quatre à cinq mille hommes, entra dans
Londres ; et, après avoir commis des excès
qui n'étaient qu'un faible prélude à ses fureurs, elle investit les deux chambres du
parlement. L'audacieux membre de la chambre des communes osa y pénétrer pour lire
la pétition des rebelles : on eut la faiblesse
de l'entendre. On délibéra sur cette pétition : elle fut rejetée. Lord Gordon éclatait
en menaces, et, de la fenêtre, il s'adressait
aux mutins pour désigner à leurs coups ceux
de ses collègues qui se montraient le plus
indignés de ses violences. Il voulut, le lendemain, empêcher le parlement de s'assem-
bler. Deux cents membres traversèrent les
groupes des rebelles pour se rendre au lieu
de leurs séances : des soldats les y protégeaient ; mais les troupes étaient trop peu
nombreuses à Londres pour veiller à la fois
sur tous les quartiers menacés. Trois jours
d'impunité avaient accru l'audace et le dé-
lire de la multitude. Plus de frein. Londres
est exposée à plus de dévastations et de

meurtres que si elle était devenue la proie
d'un ennemi victorieux. Tous les hommes
riches et puissans sont devenus des papistes
aux yeux des brigands qui feignent le fa-
natisme; ceux-ci se recrutent dans les prisons, qu'ils livrent à l'incendie, après les
avoir ouvertes aux malfaiteurs. Ils mar-
quent de jour les maisons qu'ils doivent
brûler dans la nuit. La nuit arrive ; l'heure
du pillage et du massacre a sonné. Une
populace frénétique fait servir des ton-
neaux de liqueurs à une combustion générale. La banque est investie ; des troupes la défendent contre des brigands qui
brûlent d'en piller les trésors. Les citoyens les plus considérés, occupés à soutenir un siége dans leurs propres maisons,
ne s'étaient point formés en compagnies
pour repousser ces bandes incendiaires.
Cette nuit allait combler la ruine et la honte
de l'Angleterre, si deux régimens nouveaux
ne fussent arrivés au moment de la plus
épouvantable confusion. Divisés en différens
pelotons, ils marchent en ordre et en silence vers les rassemblemens les plus nombreux, font un feu soutenu sur des rebelles
dont l'ivresse avait augmenté le désordre,
et leur ouvrent quelque issue, afin de ne pas

rendre le massacre trop général. Au point du jour, Londres est délivrée de leurs fureurs; mais plusieurs rues offrent des monceaux de cadavres. Trois ou quatre mille hommes avaient péri. Lord Gordon fut arrêté, et cet extravagant scélérat ne paya point de sa tête un tel crime.

Cet événement, qui fut bientôt oublié en Angleterre, ne fit point une sensation assez profonde parmi les Français, ni surtout parmi ceux qui, sans trahir leur patrie, et sans croire l'aimer moins, ne cessaient d'exalter les institutions et les mœurs anglaises. Dans un temps où l'on recueillait les faits de l'ordre moral aussi scrupuleusement que ceux de l'ordre physique, on ne remarqua point assez combien les dernières classes du peuple sont rebelles aux progrès de la civilisation, et promptes à s'armer contre les objets de leur envie invétérée.

Le gouvernement français veut conduire plus vivement la guerre.

L'admiration pour l'Angleterre s'accroissait parmi nous depuis qu'une ligue, plus imposante par son étendue que par sa vigueur, menaçait vainement son existence. On comparait sans justesse ses périls et ses ressources, avec les périls bien plus pressans dont le roi de Prusse s'était tiré avec tant de bonheur et de gloire. Cette disposition

à louer ses ennemis était alors regardée
comme l'attribut d'une nation franche et
généreuse ; mais, si elle n'affaiblissait ni l'honneur ni le patriotisme, elle détruisait la confiance, qui est le gage des succès éclatans.
Les marins, et surtout, parmi eux, les amiraux et les chefs d'escadre, n'avaient que
trop partagé cette disposition du public,
ou plutôt ce préjugé en faveur des Anglais. Après trois ans d'épreuves honorables, ils songeaient plus à éviter une
défaite qu'à obtenir et poursuivre la victoire. Un fond d'inquiétude et de mécon-
tentement commençait à régner à Versailles.
La guerre répondait mal aux grandes espérances qu'on en avait conçues, et n'offrait
encore aucune indemnité pour les énormes
dépenses qu'elle causait. Le directeur des
finances, Necker, usait sans mesure d'un
crédit qui avait besoin d'être cimenté par
des victoires et des conquêtes. C'était au
caractère indécis du ministre de la marine, Sartine, qu'il attribuait les opérations sans résultat des escadres espagnole
et française. Les marins se déclaraient
contre ce ministre, et se plaignaient d'a-
voir été souvent arrêtés dans leurs succès
par ses instructions timides et ambiguës.

Sans doute il avait employé beaucoup de vigilance, et même de talent, pour créer des forces navales, mais il connaissait peu l'art de les diriger. Il songeait toujours à conserver, lorsqu'il y avait une pressante nécessité de vaincre. Des plaintes s'élevaient aussi contre le prince de Montbarey, ministre de la guerre. Dans le petit nombre de combats qu'avaient soutenus les troupes de ligne, on ne pouvait reconnaître aucun progrès dans l'instruction militaire : elles allaient avoir de plus grandes expéditions à suivre, soit en Amérique, soit en Europe. Le prince de Montbarey ne paraissait pas propre à leur donner une impulsion énergique. Necker résolut de faire éloigner deux ministres qui, par la faiblesse de leurs opérations guerrières, compromettaient ses opérations de finances.

Le marquis de Ségur et le marquis de Castries remplacent Montbarey et Sartine, 1780.

Le comte de Maurepas n'inclinait vers aucun changement : que la guerre fût conduite sans désastres, c'était assez pour l'honneur et la sécurité du ministre sybarite. Il était dangereux pour Necker de déplacer deux ministres sans le concours de celui que Louis XVI respectait toujours comme son guide politique. La conduite du directeur général des finances avait été jus-

que-là très-réservée dans une cour où sa naissance, sa religion et sa patrie étaient de continuels sujets d'ombrage. Ses économies si
vantées n'avaient coûté aucun sacrifice important ni à la reine ni aux princes. Le clergé
pardonnait à un protestant qu'il croyait être
un ennemi déclaré du système de Turgot,
et Necker ne cessait de parler avec un respect profond des vertus et des propriétés d'un
corps si puissant. Il avait parmi les nobles
plusieurs partisans zélés; ceux auxquels un
amour constant du bien public avait fait une
haute renommée, le prince de Beauvau, le
duc de Nivernais, le marquis de Castries;
étaient ses amis : ce dernier avait pour lui l'é-
clat de la victoire de Clostercamp; ses qualités civiles n'étaient pas moins recomman-
dables que ses vertus militaires. Pour être
un bon courtisan sous Louis XVI, il fallait
être regardé comme un courtisan sincère : le
marquis de Castries dédaignait les moyens
de l'intrigue. Depuis long-temps désigné
pour un ministère, il ne montrait nul empressement à l'obtenir. Necker aspirait à lui
faire confier le département qui, après celui
des finances, devait le plus influer sur la
destinée de l'État, la marine. Ses vœux se
trouvèrent d'accord avec ceux de la reine;

elle proposait en même temps le marquis
de Ségur pour le département de la guerre :
c'était un ami de Castries, un digne émule
de sa valeur et de sa loyauté : l'un et l'autre
furent nommés.

Rien de plus heureux pour Necker que
ce double choix; il lui ménageait l'appui de
la reine contre le ressentiment secret du
comte de Maurepas, et lui procurait un puissant moyen d'enlever l'autorité principale
aux mains débiles de ce vieillard; mais la
reine, de son côté, voulait tenir ou paraître
tenir les rênes de l'État. Cette ambition lui
était suggérée par des courtisans qui espéraient en recueillir les fruits : ils dévouaient
à mille sollicitudes une princesse qui paraissait être l'objet de leur adoration. Le droit
illimité qu'elle avait acquis de demander des
grâces, ne lui donnait que trop d'empire sur
les ministres : son esprit n'était point porté
vers les combinaisons graves que demande la
science du gouvernement; elle n'avait reçu
à la cour de sa mère qu'une instruction su-
perficielle. Plaire aux Français avait été sa
principale étude; elle eût craint de paraître
sérieuse à une nation dont elle s'exagérait
la frivolité. Le jeu des intrigues de cour
l'amusait, parce qu'elle avait une activité

très-mobile : du désir de les connaître elle passa à celui de les conduire ; mais elle était trop légère, trop bonne et trop crédule pour exceller dans un art où la dissimulation, la persévérance et la sécheresse d'âme font faire les grands progrès.

Quoiqu'elle fût portée à respecter un époux dont les vertus faisaient son bonheur, elle ne pouvait se défendre de voir en lui un roi fort embarrassé de son rôle, et dont la faible volonté avait besoin d'être soutenue par une volonté plus énergique. « Les Français, disait-on à la reine, ne » peuvent se passer d'enthousiasme. La » guerre a pris un aspect languissant, parce » qu'elle est conduite par un vieillard dont » l'indifférence glace tout. Que votre majesté » sollicite de nouveaux choix et de nouvelles » mesures ; tout va prendre un mouvement » plus vif. Le temps des précautions sera » passé ; M. Necker assurera l'ordre au de- » dans, le marquis de Castries et le marquis » de Ségur dirigeront la victoire au dehors. » L'influence d'une reine passionnée pour » gloire se fera sentir à tous les marins, » la tous les soldats. »

La duchesse de Polignac, le baron de Be-senval, le comte d'Adhémar, le comte de

.Vaudreuil, amenaient ainsi la reine à seconder les vues de Necker. Quand celui-ci vit installer au ministère deux hommes chers à l'armée, à la nation, à la reine, à la cour et à lui-même, il crut pouvoir sortir du rôle circonspect d'un économe, et développer les plans hardis d'un homme d'État. Il lui tardait de proclamer avec orgueil les succès de son administration, afin de les étendre et de les assurer. Il espérait jouir de l'autorité d'un ministre principal, lorsqu'on verrait en lui un ministre nécessaire. Cette ambition, qu'un amour sincère du bien public légitimait à ses yeux, lui fit désirer la publication d'un compte qu'il avait rendu au roi au mois de janvier 1781. Le monarque consentit à donner cette satisfaction à un administrateur qui soutenait avec une confiance intrépide le fardeau des finances. Nulle innovation ne paraissait plus simple, plus conforme à l'esprit du jour, ni mieux indiquée par la théorie du crédit public. »

Publication du *Compte rendu* de Necker. 1781.

Mais Necker avait combiné cet ouvrage de manière à lui donner le caractère d'une révolution morale et politique. Loin de dissimuler l'analogie qu'avait cette publicité avec les lois de l'Angleterre, il l'offrait directement aux esprits, et se félicitait d'avoir dérobé aux ennemis de la France le secret de leur prospérité. Pour annoncer qu'un jour nouveau venait de luire sur les finances, il dévoilait les fautes commises jusqu'à lui, montrait les désordres d'une comptabilité mystérieuse, relevait les paroles perfides des préambules des édits d'autrefois; et faisait connaître au public en combien de manières et avec quelle impudence ses prédécesseurs l'avaient trompé. Dans ce *compte rendu*, le ministre paraissait tout, et le roi presque rien. Le ton en était solennel, oratoire, et quelquefois pathétique. Les illusions qu'on répand avec le plus de succès sont celles par lesquelles on est entraîné soi-même. Necker avait trop d'orgueil pour n'avoir pas de bonne foi. Il y avait deux choses sur lesquelles il était destiné à se tromper long-temps : là rectitude constante qu'il supposait à l'opinion publique, et la confiance où il était de diriger cette opinion. En cherchant le positif, il rencontrait presque toujours le vague. Son enthousiasme était accompagné de tant de réserve et de gravité, que rien ne ressemblait mieux au calme de la sagesse. Il croyait ne pas déroger au rôle d'un homme de génie, en s'occupant beaucoup

des détails ; il les jugeait avec discerne-
ment, les liait avec art, et s'en faisait un
point d'appui pour se livrer aux hypothèses
les plus hardies, aux spéculations les plus
incertaines. *Son compte rendu*, comme tous
les ouvrages qu'il publia depuis, offrait des
parties parfaitement éclairées, et d'autres
complétement obscures. Le résultat de ses
opérations depuis quatre années, tel qu'il
le présentait, confondait l'imagination.
Suivant lui, le déficit annuel du trésor
royal, estimé à plus de vingt-sept millions,
avait été comblé ; et l'État, après avoir ouvert d'énormes emprunts sans créer de
nouveaux impôts, voyait ses recettes excé-
der ses charges de dix millions. Pour expliquer un tel résultat, il présentait beaucoup de bonifications partielles, de réformes
insensibles, de petites économies ; il vantait
la dextérité et le bonheur de ses emprunts,
enfin les effets qu'il avait obtenus de l'ordre, de la bonne foi et du respect pour
l'opinion publique. La somme totale de
toutes ces ressources de genres si divers, si
minutieux ou si vagues, échappait à l'habileté de tous les calculateurs. Le ton de
conscience qui régnait dans ce *compte*

rendu, suppléait un peu à ce qui lui manquait en clarté.

Necker avait voulu profiter de la faveur qu'inspiraient alors toutes les innovations, pour préparer les esprits à des opérations moins faciles et plus solides que les emprunts. Cet adversaire du système de Turgot se trouvait ramené, par la force des choses et par la droiture de ses intentions, à reproduire une partie de ce système bien démontré aux yeux de la raison, mais vivement repoussé par l'orgueil des grands : je veux parler de l'abolition des priviléges en matière d'impôts. *Le compte rendu* indiquait, en termes voilés, que le gouvernement se dirigeait toujours vers une égale répartition des charges de l'État. Les grands pouvaient dire : On nous menace ; et plusieurs d'entre eux sonnèrent bientôt l'alarme. Les économistes, très-absolus dans leurs maximes, ne parurent savoir aucun gré à Necker de s'en rapprocher, parce qu'il affectait, dans ce même ouvrage, de condamner l'ensemble de leur théorie. Ainsi, deux partis, dont l'inimitié s'accroissait chaque jour, hâtèrent de leurs communs efforts la chute du prétendu modérateur qui, en menaçant l'un, humiliait l'autre.

Cependant la majorité du public avait reçu avec transport le *compte rendu*. Deux classes de capitalistes, l'une qui vit dans l'agitation continuelle du jeu qu'elle fait sur ses fonds, l'autre qui, dans un repos indolent, accueille tout ce qui entretient sa sécurité, exaltaient Necker comme le libérateur de la France, comme l'adversaire le plus dangereux de la puissance des Anglais. Ceux des philosophes qui n'avaient pas pris une part active aux querelles et à la vengeance des économistes, louaient dans Necker l'homme d'État qui avait fait abolir, ou du moins considérablement modifier le droit de mainmorte. On le félicitait d'avoir eu le courage de tenter les premières réformes dans le régime des hôpitaux, où des abus invétérés et meurtriers trahissaient tous les vœux d'une charité prodigue en dotations. Rien ne paraissait plus touchant que l'association vigilante de sa femme à cette noble partie de son ministère. Des hommes passionnés pour le bien public fondaient de grandes espérances sur les administrations provinciales qu'il avait fait donner à deux provinces ; on y trouvait les élémens d'un bon régime municipal, dont toute la France pourrait recevoir le bien-

fait. Quelle noble émulation n'excitait-il
pas entre tous les propriétaires ! Que de
travaux utiles pour l'agriculture, le commerce, les chemins et la navigation intérieure du royaume ne provoquait-il pas par
un si sage règlement ! Ainsi le zèle et les
lumières de chacun allaient contribuer au
bonheur de tous. « M. Necker, disait-on,
» trouve au milieu d'une guerre dispen-
» dieuse plus de ressources que n'en trou-
» vaient ses prédécesseurs au milieu de la
» paix. Son active philanthropie fait oublier
» les maux de cette guerre, dont les divers
» théâtres sont d'ailleurs si éloignés de nous.
» Tout est prêt pour que nos marins et nos
» soldats fassent succéder des victoires dé-
» cisives à des succès balancés. M. Necker
» se hâtera d'en recueillir et d'en assurer
» les fruits. La paix doit être l'ouvrage de
» celui qui a fourni presque miraculeuse-
» ment les moyens de continuer la guerre. »
Pendant qu'on se livrait à des espérances
si conformes à l'esprit du jour, le comte de
Maurepas recourait à la dextérité d'un vieux
courtisan pour se venger d'un protégé qui
voulait usurper toute sa puissance. La reine
et sa jeune cour craignaient de prêter un
appui déclaré à un homme qui commençait

à exciter les murmures de la noblesse. L'adversaire de Turgot allait succomber aux mêmes intrigues et aux mêmes ennemis. Mais il est temps de reporter nos regards sur une guerre dont il est difficile de suivre et d'enchaîner les événemens. J'ai à rendre compte d'une campagne glorieuse.

Plan des opérations pour l'année 1781. Les projets d'opérations navales pour l'année 1781 étaient imposans : depuis Louis XIV on n'en avait pas conçu de plus vastes. Les ministres de Louis XVI avaient agi avec la plus grande énergie. Les négociations du comte de Vergennes, appuyées par les ressources que le directeur général des finances mettait à sa portée, donnaient une âme nouvelle à la ligue maritime. Les Hollandais étaient excités à tirer une vengeance éclatante des humiliations et des dommages que l'Angleterre venait de leur faire subir : elle s'était emparée des îles de Saint-Eustache, de Saint-Martin et de Saba, dans les Indes occidentales. Le départ inopiné du comte de Guichen pour l'Europe, sur la fin de l'année 1780, avait favorisé cette entreprise de l'amiral Rodney. Les deux mondes étaient indignés du brigandage et de la cruauté par lesquels les Anglais avaient signalé ce premier acte d'hostilité contre, des républicains dont ils avaient fait depuis trente ans leurs vassaux maritimes. Rodney avait fait charger vingt bâtimens des dépouilles enlevées aux commerçans de Saint-Eustache. Le brave et vigilant Lamothe-Piquet, monté sur son vaisseau l'*Annibal*; eut le bonheur de leur ravir la plus grande partie d'une proie si riche et si honteuse: La Hollande armait en diligence, et ses marins, enflammés par le souvenir de la gloire de leurs ancêtres, ambitionnaient, pour premier triomphe, de chasser de la Baltique les escadres anglaises. Ils s'attendaient que les puissances du Nord, en vertu de la neutralité armée, les recevraient comme des libérateurs. Le comte de Vergennes se flattait de les déterminer ensuite à des efforts plus actifs.

On pressait vivement les Espagnols d'user avec plus d'activité de leurs grands moyens maritimes : déjà ils étaient à portée de conquérir la Floride dans le continent américain. Les restes de ces troupes de débarquement que, l'année précédente, ils avaient portées avec si peu de précaution dans les Antilles, devaient servir à une entreprise précieuse à la fois pour la sûreté de leurs colonies et pour celle des États-Unis. Le vaste armement qu'on préparait pour la mer des Antilles promettait la prise, jusque-là si difficile, des îles anglaises, et celle même de la Jamaïque, présent dont on était convenu de payer la fidélité des Espagnols. En Europe, tout leur faisait espérer des succès importans pour l'honneur de leur monarchie et la renaissance des beaux jours de leur marine. Le blocus de Gibraltar se continuait. La prise de l'île de Minorque concourrait, avec la soumission de cette forteresse, à repousser les Anglais de la Méditerranée. Pour porter au comble leurs terreurs et leur confusion, les flottes combinées de France et d'Espagne iraient encore une fois les chercher dans le canal de la Manche. Puisque l'Angleterre n'avait dû, en 1779, son salut qu'aux tempêtes, elle devait trembler que la dispersion de ses escadres, appelées au loin par le danger de chacune de ses possessions, ne l'exposât plus que jamais à l'incendie de ses rades, de ses magasins et de ses arsenaux. Les camps de la Normandie et de la Picardie n'étaient point levés : au premier bruit d'une victoire des flottes combinées, quarante mille hommes étaient encore prêts à s'embarquer sur des bâtimens de transport, et à venger, sur des rivages

ennemis, les vieilles injures de Poitiers et
d'Azincourt. . .

Voilà ce qu'on devait faire avec le concours de l'Espagne. La France avait encore d'autres entreprises à suivre : on ne
voulait rien négliger pour opérer enfin l'entière délivrance des États-Unis. Les Américains, désespérés d'avoir perdu, par quatre
années d'irrésolution et de langueur, les
fruits de la capitulation de Saratoga, demandaient tout à la France, hommes, argent, munitions, vaisseaux. Leur situation
n'avait jamais été si déplorable, même à
l'époque où ils combattaient sans alliés. Les
Anglais possédaient la province de New-
Yorck, celle de Long-Island, fondaient souvent sur le Connecticut et sur le Jersey,
étaient maîtres de la Géorgie, et parcou-
raient en vainqueurs les deux Carolines.
Point de crédit public, et presque point de
revenus. Le congrès n'avait à sa disposition
aucune ressource permanente : c'étaient les
provinces qui s'imposaient elles-mêmes ;
elles le faisaient avec un patriotisme tardif
quand le danger s'approchait d'elles, et ne
payaient plus que d'insuffisantes contribu-
tions quand elles se croyaient tranquilles.
Cet isolement des provinces convenait si

peu à une bonne organisation militaire, qu'après sept ans de combats, la force principale de l'armée consistait encore dans des milices : les soldats aguerris étaient depuis long-temps de retour dans leurs foyers.

Louis XVI ne voulut pas s'être engagé en vain au salut d'une république ; il lui prodigua des secours de tout genre : il eût rougi d'y attacher aucune condition qui eût fait repentir les Américains d'avoir choisi un roi pour protecteur. Une escadre allait leur porter huit millions de livres tournois ; des armes, des munitions, et de nouvelles troupes de débarquement, qui permettraient à la petite armée de Rochambeau de sortir de l'espèce de blocus où les Anglais la tenaient à Rhode-Island. Les instructions données à l'amiral français étaient un chef-d'œuvre de précision et d'habileté ; elles lui enseignaient les moyens d'agir avec un égal succès dans la mer des Antilles et dans la baie de Chesapeack, et d'étourdir les Anglais par la rapide audace de ses opérations.

Enfin, pour réparer une négligence dont on eût pu croire les effets irrémédiables, une partie de la grande flotte qu'on équipait à Brest, devait prendre la route des Indes orientales pour rétablir dans ces mers l'honneur du pavillon français, reconquérir les établissemens qui venaient de nous être enlevés sur la côte de Coromandel, délivrer Hyder-Ali de la position périlleuse où l'avait engagé son zèle à secourir nos possessions, et prévenir l'invasion du cap de Bonne-Espérance et des autres colonies hollandaises. L'escadre qui avait tant d'opérations à exécuter était peu considérable ; mais elle était sous les ordres du bailli de Suffren. Si la France eut à s'enorgueillir des campagnes de cet habile marin dans les Indes, elle dut regretter que l'élite de nos forces navales ne lui eût pas été confiée. Le comte de Grasse, le troisième amiral français que, dans cette guerre, on envoyait aux Antilles, était plus propre à commander un vaisseau qu'à gouverner une escadre. Les meilleurs marins avaient vu avec inquiétude le commandement passer entre les mains d'un homme inhabile aux grandes combinaisons de la tactique navale.

Des plans si étendus, et qui devaient montrer la France comme chargée, sur tout le globe, de la protection et de la vengeance des peuples qui avaient long-temps payé tribut à la cupidité anglaise, n'inspiraient pas une aveugle confiance au cabinet de

Attaque malheureuse sur l'île de Jersey. Janvier 1781.

Versailles : il savait par expérience tout ce qu'on doit craindre dans une guerre maritime ; mais il regardait comme un avantage inappréciable de prendre l'offensive sur tant de points différens. Cependant on préluda à de si grandes opérations par un essai déplorable. Un baron de Rulecourt avait levé à ses frais une légion de huit cents hommes , composée de déserteurs et de vagabonds, dont il espérait faire de nouveaux flibustiers. Il demanda et obtint d'être transporté , avec cette petite troupe, à l'île de Jersey. Il débarque sans obstacle, repousse un petit corps qui marche à sa rencontre, arrive de nuit à Saint-Hillier , capitale de l'île, effraie le gouverneur en lui annonçant qu'il est suivi d'une armée de cinq mille hommes , et lui fait signer la reddition de l'île entière. Mais le jour montre au gouverneur et aux habitans qu'ils ont cédé à une terreur panique ; ils voient le petit nombre de leurs ennemis , et n'aperçoivent point l'escadre française dont on les avait menacés. Les milices du pays se rassemblent et fondent sur Rulecourt. Celui-ci , dans son désespoir , cherche une mort glorieuse , et l'obtient. La plupart de ses compagnons meurent avec lui : deux cents sont faits prisonniers.

Le comte de Grasse mit à la voile, de Brest, le 24 mars, avec vingt-un vaisseaux de ligne et un immense convoi. Il conduisit si habilement cette flotte, et fut si bien secondé par les vents, qu'au bout de trente jours il fut en vue de la rade du Fort-Royal de la Martinique. Une escadre anglaise de dix-sept vaisseaux de ligne osait l'attendre dans ces parages. Le vice-amiral Hood, qui la commandait, avait reçu de Rodney l'ordre d'attaquer. Un vaisseau anglais de 74, qui vint se réunir à lui, augmenta sa confiance. Il engagea le combat, sinon dans l'espoir de disperser une si forte escadre, au moins dans celui de prendre une partie du convoi. Le comte de Grasse songe d'abord à faire entrer ce convoi dans la rade; et, quand il le voit en sûreté, il se présente à l'ennemi, et combat avec beaucoup de valeur. Hood cède peu à peu, mais dans son adroite retraite, il épie le moment où les Français garderont moins d'ordre dans leur ligne. L'avant-garde de ceux-ci s'écarte un peu : Hood revient à la charge. Le comte de Grasse, qui a rempli son objet principal, entre au port de la Martinique, sans

Départ du comte de Grasse pour les Antilles. Combats dans cette mer. 1781.

chercher, en prolongeant le combat, à donner de l'éclat et une garantie à sa victoire.

Les Français
prennent l'île
de Tabago.
Juin
1781.
Le marquis de Bouillé, gouverneur de la
Martinique, avait attendu impatiemment
l'arrivée de cette escadre pour recommencer des expéditions sur les îles anglaises.
Cet officier, plein d'ardeur et de talent, ne
cessait de recueillir des informations et de
combiner des stratagèmes qui pourraient
faciliter la conquête de ces îles. L'escadre
remet promptement à la voile, paraît menacer Sainte-Lucie, et vient se présenter
devant Tabago. Le chevalier de Blanché-
lande y débarque avec cinq cents hommes.
Le marquis de Bouillé se présente ensuite
avec trois mille soldats sous les murs de la
Concorde, et en forme le siége. On jugea
inutile de recourir à l'assaut, et l'île fut soumise après que le gouverneur eut satisfait
à tout ce que demande une défense honorable. Cette possession, jointe à la conquête
de la Dominique, de la Grenade et de Saint-
Vincent, accroissait beaucoup notre puissance et notre richesse coloniale. Pendant la
durée du siége, le comte de Grasse avait repoussé, mais vainement poursuivi, huit
vaisseaux anglais qui paraissaient vouloir
secourir la garnison de Tabago.

Mais ce n'était pas aux Antilles qu'on pouvait trouver le denoûment ni le prix le plus
glorieux d'une guerre si dispendieuse : il
fallait le chercher aux mêmes lieux où elle
s'était allumée, sur les rivages de l'Amérique septentrionale. Il serait temps, après
avoir rempli, en faveur des alliés de la
France, les vœux de l'honneur et de la politique, de poursuivre la conquête des Antilles.
Tout parut conspirer pour le succès de nos
armées navales. Rodney, jusque-là si confiant, fut pendant deux mois frappé de stupeur, et, après des mouvemens incertains,
prit inopinément la résolution de ramener
en Europe plusieurs de ses vaisseaux maltraités par les tempêtes et par les combats.
L'escadre de l'amiral Hood et celle de l'amiral Grave, qu'il laissait en Amérique, étaient
séparées, et inférieures à l'escadre française.
Celle-ci, après avoir relâché à Saint-Domingue et à la Havane, entra paisiblement
dans la baie de Chesapeack. On eût dit que
le bon génie de la nouvelle république
avait dirigé les mouvemens de cette flotte,
et marqué l'instant le plus favorable pour
son arrivée.

Nous avons vu que les Anglais avaient
dans l'Amérique septentrionale trois points

Entrée
du comte de
Grasse dans la
baie de Chesa-
peack.
1781.

d'appui principaux, New-Yorck, Charles-
Town ét Savanah. Clinton se tenait le plus
souvent immobile sur le premier point.
Washington employait ses forces à le surveiller. La petite armée de Rochambeau,
bloquée à Rhode-Island dès son arrivée, ne
pouvait agir qu'au moment où des forces
navales imposantes protégeraient ses opérations. Un renfort de trois mille hommes lui
fut d'abord amené par une division de l'escadre française sous les ordres du comte de
Barras; mais comme les Anglais avaient à
New-Yorck bon nombre de vaisseaux, le
moment d'agir n'était pas encore venu.

Divers com-
bats des An-
glais et des
Américains
dans les Caro-
lines et dans
la Virginie.
1780
et 1781.

La Caroline était le théâtre de combats
multipliés et sanglans, qui offraient aux
Américains et aux Anglais une alternative
continuelle de victoires et de défaites. A
peine le général Cornwallis eut-il remporté,
auprès de Cambden, un succès important,
que les fruits lui en furent ravis par la déroute de deux de ses corps avancés. Dans
l'un périt Fergusson, celui des officiers anglais qui avait montré la bravoure la plus
brillante; dans l'autre, le général américain
Morgan, autrefois compagnon d'Arnold dans
la brillante expédition du Canada et son
émule en valeur, défit, avec huit cents

hommes de milices, le colonel anglais Tar-
leton, qui lui opposait plus de deux mille
hommes de troupes exercées ; il lui fit cinq
cents prisonniers. L'officier qui venait de
subir l'affront d'une telle défaite avait été le
fléau des Carolines , par sa férocité bien plus
que par son courage. Le général Cornwallis
redoubla d'activité pour venger ses deux
lieutenans, et relever l'honneur des armes
anglaises. Le général Greene, qu'il avait à
combattre , se montra un digne élève de
Washington, et fit une guerre savante avec
des troupes inexpérimentées. Une action
vive qui s'engagea entre les deux généraux,
auprès de Guilfort , laissa aux Anglais un
champ de bataille que les Américains avaient
vaillamment disputé. Cornwallis, pour profiter de ce succès, divisa son armée en deux
parties, dont l'une couvrit la Caroline , et
l'autre , sous sa conduite , se porta dans la
Virginie. Greene sut tirer un habile parti de
l'absence de ce général et de la dispersion
des forces anglaises. Il rentra dans la Caroline , et perdit, sans se décourager, deux
batailles, l'une à Hobkirch , et l'autre à Eu-
taw-Spings. Vainqueur dans toutes les affaires de poste, et secondé par le zèle des
habitans , auxquels il rendait une patrie , il

V.   17

parvint·à réjëter les Anglais jusque dans
Charles-Town : la Caroline fut libre. La Virginie allait l'être bientôt par des opérations
dont le récit est fait pour intéresser même
les guerriers français d'aujourd'hui.

plan d'opéra-
tions contre le
général Corn-
wallis
1781.
Le traître Arnold avait fait, avant Cornwallis, une incursion dans la Virginie, et
s'était abandonné à toute la violence d'un
homme qui cherche de l'or pour sé dédom-
mager de la perte de l'honneur. Le marquis
de La Fayette, que Washington détacha pour
aller réprimer ce brigandage, fit une telle
diligence, qu'Arnold fut sur le point d'être
privé de tous les moyens de se rembarquer.
Cependant celui-ci put gagner à temps l'embouchure du fleuve James. Un soldat américain qui·lui fut amené, et auquel il demanda ce que ses concitoyens auraient fait
de lui s'il avait été leur prisonnier, lui fit
cette réponse énergique : *Nous aurions sé-
paré de ton corps cette jambe qui fut blessée
au service de la patrie, et nous aurions
pendu le reste.* Le marquis de La Fayette eut
bientôt en tête une armée plus imposante;
et, ne pouvant se mesurer avec Cornwallis,
qui menait avec lui l'élite de l'armée anglaise, il vint jusque sur les·confins de la
Virginie attendre les renforts que lui en-

voyait Washington. Dès qu'il les eut reçus, il rentra en campagne. Cornwallis décela de l'inquiétude, rougit d'abandonner subitement sa conquête devant un corps très-inférieur au sien, et fit cependant des mouvemens rétrogrades en se rapprochant de la mer. Washington avait déjà conçu le projet de s'opposer à son embarquement, et de faire subir le sort de Burgoyne au plus actif, au plus habile des généraux anglais. L'arrivée de la flotte du comte de Grasse, qui lui était annoncée comme prochaine, secondait ce dessein, dont le comte de Rochambeau désirait ardemment l'exécution; mais il fallait que'les Anglais fussent trompés au point d'y concourir eux-mêmes. Washington avait songé d'abord à faire le siége de New-Yorck. Quand il eut abandonné ce projet pour un autre qui était à la fois moins dangereux et plus décisif, il affecta de n'avoir en vue que New - Yorck. Clinton, qui défendait cette ville, fut confirmé dans ses craintes, quand une lettre interceptée lui révéla toutes les dispositions de l'attaque. Washington ne l'avait écrite que pour qu'elle tombât entre les mains du général anglais : celui-ci fait presser Cornwallis de se tenir à portée de marcher à son secours. Washington, par d'autres stratagèmes, réussit encore à faire croire que la flotte du comte de Grasse se dirige sur New-Yorck ; mais, le 28 août, elle s'était présentée à l'embouchure des fleuves James et Yorck, c'est-à-dire, aux seuls points par où il était possible à Cornwallis de s'embarquer. Le marquis de Saint-Simon est porté, avec un corps de trois mille hommes, sur des bâtimens de transport qui remontent le fleuve James, et vient se réunir à l'armée de La Fayette. Cornwallis, que ce dernier n'avait cessé de presser vivement, était déjà arrivé à Yorck-Town. Effrayé des obstacles inattendus qui se présentaient pour son embarquement, il avait employé tous ses soins à se fortifier dans une position favorable. Washington avait prévu cette résolution de l'ennemi ; et, d'après son invitation, le comte de Barras était parti avec quatre vaisseaux de ligne chargés de toute l'artillerie nécessaire à un siége.

Victoire navale du comte de Grasse dans la baie deChesapeack. 1781.

Cependant l'escadre de Hood venait de se réunir à celle de Grave, dans le mouillage de Sandi-Hook. Ce dernier, comme le plus ancien, prit le commandement ; et, quoiqu'il n'eût que dix-neuf vaisseaux de ligne, il résolut d'attaquer le comte de Grasse qui en avait vingt-quatre. Il trouva l'amiral fran çais moins disposé à prendre l'offensive qu'à recevoir la bataille. Le choc des deux avant-gardes fut terrible ; celle des Anglais fut vivement repoussée. L'amiral Grave, qui n'était·point poursuivi, chercha pendant quatre jours la petite escadre du comte de Barras ; mais, en apprenant qu'elle avait rempli sa mission, il se retira dans le port de New-Yorck, où il fut obligé de brûler un de ses vaisseaux. Quatre autres étaient grièvement endommagés. Deux frégates tombèrent· au pouvoir des Français : ils étaient maîtres, par cette victoire maritime, -de toute la baie de Chesapeack. L'armée· de Washington et celle de Rochambeau s'embarquèrent, et vinrent cerner de toutes parts Cornwallis, qui appelait en vain le secours de la marine anglaise. Clinton, désespéré de ne pouvoir marcher à la délivrance de celui qu'il a contribué lui-même à entraîner dans un piége fatal, fait en vain une incursion dans le Connecticut : elle ne peut détourner Washington d'une entreprise qui va faire l'étonnement et la joie des deux hémisphères. Le siége d'Yorck-Town est vivement poussé. Les Américains sentent tout l'avantage de combattre à côté des Français. Washington veut fournir à ses compatriotes

Siége d'Yorck-Town.

l'occasion de soutenir avec honneur cette brillante rivalité.

Yorck-Town était défendu, à droite, par des redoutes, des batteries, avec une palissade derrière ; le front, du même côté, était couvert par un ravin marécageux : on y avait construit une large redoute. Le marais s'étendait le long du centre, qui était défendu par une palissade et par des batteries ; sur la gauche était un ouvrage à corne, avec un fossé, un rang de fraises et un abatis soutenu par deux redoutes. La tranchée avait été ouverte le 6 octobre. Dix mille Américains et sept mille Français attendaient de Washington l'ordre d'attaquer les deux redoutes principales : il fut donné le 12 ; on se promit de n'user que de la baïonnette.

Les Américains furent conduits à l'attaque de l'une de ces redoutes par le marquis de La Fayette, par le colonel Hamilton, qui, après s'être distingué à la guerre, devait se montrer bientôt un administrateur plein de sagesse, et par le colonel Lawrence, fils du président du congrès. Ils comptaient dans leurs rangs le général Lincoln, qui avait à venger sur les Anglais le malheur de ses armes à Savanah et à Charles-Town. Les Français marchèrent à l'attaque de l'autre redoute, conduits par le baron de Vioménil, le dernier défenseur de l'indépendance polonaise; par le marquis de Saint-Simon, qui, malade, vint chercher sa guérison à l'assaut; et par le vicomte de Noailles, qui avait eu une part brillante à l'exploit de la Grenade. On distinguait encore parmi eux le duc de Lauzun, à qui l'on devait la prise du Sénégal; Robert de Dillon, colonel en second de la légion de Lauzun; le comte de Deux-Ponts, colonel du régiment de ce nom; le comte Charles de Damas; le comte de Rochambeau, fils du général, et colonel d'Auvergne, le plus brave des régimens de France; le comte Charles de Lameth; deux officiers de l'état-major, Alexandre Berthier, qui essayait de grands talens et qui préludait à de grandes destinées, et Mathieu Dumas, qui joignait la même ardeur aux mêmes connaissances. Je n'ai pas besoin de dire avec quelle vivacité et quel succès cette attaque fut conduite. Presqu'au même instant les Américains et les Français se trouvent maîtres des deux redoutes : ceux-ci avaient fait cinq cents prisonniers, après avoir éprouvé une perte assez considérable. Le marquis de Saint-Simon et le comte Charles de Lameth furent au nombre des blessés.

Ce succès décidait la prise d'Yorck-Town. Cornwallis essaya trop tard de transporter ses troupes par eau vers Glocester : un détachement, sous les ordres du général de Choisy, fit rétrograder les navires. Corn

wallis se vit réduit à signer, le 17 octobre, une capitulation plus humiliante encore que celle de Burgoyne. Sept à huit mille hommes qui restaient d'une armée affaiblie par plusieurs combats, par la désertion, par la faim et par des maladies contagieuses, furent faits prisonniers. Les forces navales que les Anglais avaient à Yorck-Town et à Glocester furent remises aux Français. Les articles de la capitulation étaient durs, parce que les Américains s'étaient fait une loi de les calquer sur ceux que Cornwallis avait imposés au général Lincoln, lors de la reddition de Charles-Town. Cornwallis sut depuis montrer, sur un autre théâtre, que les talens et les vertus militaires peuvent se perfectionner à l'école du malheur. L'Amérique retentit des mêmes acclamations qu'y avait excitées la capitulation dé Saratoga. L'enchaînement merveilleux des incidens qui avaient favorisé une puissante combinaison, fit croire à la nouvelle république que, déjà reconnue par les rois de la terre, elle était avouée et protégée par le ciel. Le congrès adressa des félicitations éloquentes à Washington, au général de Rochambeau et au comte de Grasse ; mais le premier exhortait en vain ses compatriotes à tenter de nouveaux efforts pour la délivrance entière de la république. Les Anglais, resserrés dans la province de New-Yorck et dans les villes de Charles-Town et de Savanah, n'y furent point attaqués : ils montraient, par leur timidité, que tout espoir de recouvrer l'Amérique était perdu pour eux. Des armées en présence gardèrent une trêve tacite qui devança de dix-huit mois, pour l'Amérique, les jouissances de la paix. Les officiers français se dédommagèrent de l'absence des combats, par des courses dans lesquelles ils admiraient les effets du travail, de la simplicité des mœurs, de la tolérance, de la liberté et de la victoire.

L'escadre du comte de Grasse avait remis à la voile aussitôt après la prise d'Yorck-Town, et le marquis de Saint-Simon s'y était embarqué avec le corps qui servait sous ses ordres : elle se dirigeait vers les Antilles. Le marquis de Bouillé n'avait pas attendu ce secours pour faire de nouvelles conquêtes. De la Martinique il ne cessait

Prise de l'île Saint-Eustache par le marquis de Boud le Novembre 1781.

d'observer quelles possessions les Anglais,
menacés sur tant de points, laissaient à découvert ou faiblement protégées. Rien ne
lui avait paru plus noble, plus conforme à
une généreuse politique, que de reprendre
sur les Anglais les colonies hollandaises.
Trois frégates, quelques petits bâtimens, et
deux mille hommes de troupes, lui permirent de réaliser ce projet dans l'absence de
l'escadre anglaise. Il se porta d'abord sur
l'île de Saint-Eustache, belle colonie que les
rapines de l'amiral Rodney avaient plus ra-
vagée que n'auraient fait les ouragans les
plus désastreux de ces contrées. La négligence de la garnison anglaise fut telle, que
le marquis de Bouillé put s'approcher sans
obstacle de la forteresse : c'étaient des Irlandais qui ouvraient la marche. L'uniforme
rouge qu'ils portaient trompa les Anglais,
qui crurent recevoir un renfort de leurs
compatriotes, et s'approchèrent d'eux avec
tous les signes de la confiance et de la joie :
un feu très-vif les avertit trop tard de leur
méprise. Le gouverneur Kokburn fut fait
prisonnier dès le premier choc. Les Anglais
regagnent en désordre la forteresse; mais
les troupes du marquis de Bouillé les serrent
de si près, qu'ils n'ont pas même le temps

de baisser le pont-levis : on entre avec eux dans le fort. Confus, épouvantés, ils posent les armes : l'île entière est soumise. On y trouve le reste des dépouilles que Rodney n'avait point encore fait embarquer ; elles ne deviennent point le butin des vainqueurs : tout est restitué aux Hollandais. Le lendemain, les îles voisines, de Saba et de Saint-Martin, se soumettent au marquis de Bouillé.

En deux mois le comte de Kersaint a reconquis les colonies hollandaises de Démérari, d'Essequebo et de Surinam. C'était un glorieux moment pour les Français, que celui où toute la vivacité de leurs efforts , et toute l'habileté de leurs combinaisons , étaient employées au secours des faibles. C'était en même temps une époque bizarre , que celle où le roi de France prodiguait ses trésors pour mériter les bénédictions de deux républiques.

Prise de Démérari, d'Essequebo et de Surinam par le comte de Kersaint.

Cependant il fallait porter aux Anglais des coups qui leur fussent plus sensibles. Le comte de Grasse , après avoir pris un peu de repos à la Martinique, se présenta, le 11 janvier 1782, devant Saint – Christophe , avec trente-deux vaisseaux de ligne. Le corps de troupes qu'il amenait, joint à celui du marquis de Bouillé , s'élevait à six

Prise de l'île Saint-Christophe

mille hommes. Une forteresse renommée,
Brimstomehill, exigeait un siége régulier.
On l'entreprit avec confiance, parce qu'on
croyait n'avoir rien à craindre de l'escadre
anglaise : elle était inférieure de dix vaisseaux à celle du comte de Grasse. L'amiral
Hood, qui en avait pris le commandement,
parut pourtant vouloir affronter ces forces
supérieures. Aussitôt que le comte de Grasse
l'aperçoit, il fait lever les ancres. L'amiral
anglais feint d'abord d'accepter la bataille ;
il se retire ensuite, et voit avec plaisir l'escadre française s'éloigner de plus en plus de
l'île assiégée. Par une habile manœuvre que
secondent les vents et l'extrême agilité de
ses vaisseaux, il évite la ligne française, et,
se glissant derrière elle, arrive au même
mouillage que le comte de Grasse venait d'a-
bandonner. Honteux de la surprise qui lui
a été faite, le comte de Grasse attaque enfin
la flotte anglaise, dont tous les vaisseaux
embossés ne pouvaient plus manœuvrer. Il
est repoussé deux fois, et n'ose ou ne sait
pas user du moyen par lequel l'Anglais El-
phinston, monté sur une escadre russe, brûla en 1770, la flotte turque dans le port de
Tschesmé. Nous ne verrons que trop tôt quelles furent, pour notre marine, les suites de

la double faute de l'amiral de Grasse et du mépris que les officiers de son escadre conçurent pour ses talens. Nous avons encore quelques faits glorieux à raçonter. Le marquis de Bouillé, qui se vit privé du secours de l'escadre française, n'en continua pas avec moins d'ardeur le siége de la forteresse. Il vint à la rencontre de treize cents soldats que Hood avait débarqués pour la secourir, les battit, et leur fit regagner précipitamment leurs vaisseaux. Brimstomehill capitula, et l'amiral Hood abandonna les rivages d'une île que son habileté n'avait pu conserver à l'Angleterre. Peu de jours après l'île de Montferrat se rendit au comte de Barras.

Les Espagnols paraissaient enfin avoir reçu des Français l'exemple de l'audace, et même de la vigilance; ils attaquèrent la Floride, qu'ils avaient, dans le siècle dernier, tenté de reprendre sur les Anglais par des combats acharnés, et même par des crimes. En se délivrant d'un sujet d'alarmes pour leurs immenses colonies, ils délivraient également les États-Unis d'un voisinage dangereux. La ville de Pensacola soutint un siége assez long : sa soumission décida celle de la Floride occidentale. On la dut à l'activité de l'amiral Solano.

Conquête de
l'île de Minor-
que et du fort
Saint Philippe
par le duc de
Crillon.

1781
et 1782.

Un autre succès augmenta l'orgueil et les espérances des Espagnols : ce fut la prise de l'île de Minorque, que les Anglais s'étaient fait céder de nouveau par le traité de 1763. Les Français concoururent avec les Espagnols à cette conquête importante, et ce fut dans toute cette guerre la seule occasion où le mélange de ces deux milices, d'un caractère si différent, produisit, ou plutôt n'empêcha point un succès. Pour commencer cette expédition, une flotte de dix-huit vaisseaux était sortie du port de Brest, sous le commandement du comte de Guichen. Il avait avec lui deux marins chers au commerce français, dont ils avaient été les intrépides protecteurs, Beausset et Lamothe-Piquet. Les Anglais ne purent empêcher cette escadre de se joindre, dans le port de Cadix, à trente vaisseaux espagnols que commandait don Louis de Cordova. Cet armement chassa tout devant lui dans la Méditerranée. Dix mille Espagnols et quatre mille Français débarquèrent successivement dans l'île de Minorque : ils avaient pour chef le duc de Crillon, militaire plein de bravoure et de talent, qui, fatigué d'avoir été subordonné à de mauvais généraux dans la guerre de sept ans, avait passé au service de l'Espagne.

L'île de Minorque fut conquise en quelques jours, à l'exception du fort Saint-Philippe. Depuis les derniers travaux que les Anglais y avaient faits, on le considérait comme une des premières citadelles du monde. Il était défendu par quatre régimens anglais sous les ordres du gouverneur Murrai. Celui-ci fit connaître quelle serait sa résistance par la réponse noble qu'il fit à la première sommation du général espagnol. *Lorsqu'un de vos vaillans ancêtres*, écrivit-il au duc de Crillon, *fut sommé par son roi d'assassiner le duc de Guise*, *il répondit* : L'honneur me le défend. *J'oppose les mêmes paroles à vos propositions : l'honneur me défend de les accepter*. Le siége du fort Saint-Philippe fut conduit d'une manière qui mérita les plus grands éloges des hommes de l'art. Le duc de Crillon crut devoir, dans cette circonstance, s'éloigner des procédés ordinaires, et recourir beaucoup plus au corps de l'artillerie qu'à celui du génie ; il s'étudia particulièrement à communiquer aux Espagnols la témérité brillante qui cherche jusqu'aux dangers inutiles : lui-même en donna l'exemple. Il monta le premier au sommet d'une tour pour en arracher un drapeau anglais ; reçut une vive décharge, et fut légèrement blessé. Comme on blâmait ce général d'avoir fait une action de grenadier : *J'ai voulu*, dit-il, *rendre mes Espagnols tout Français, afin qu'on ne s'aperçoive plus qu'il y a ici deux nations.* Murrai, après la plus honorable défense, fut réduit à capituler le 4 février 1782. Les alliés furent émus de pitié et frappés d'admiration en voyant l'état déplorable de la garnison qui se rendait prisonnière.

Bataille navale entre les Anglais et les Hollandais. 1781.

Les Hollandais eurent part aussi à la gloire de cette campagne de 1781. Les Anglais avaient résolu de leur fermer la Baltique. Une escadre de sept vaisseaux, sous le commandement du plus vieux et du plus opiniâtre de leurs marins, Hyde-Parker, était partie pour remplir ce double objet. Une escadre hollandaise, du même nombre de vaisseaux, et à laquelle s'était réunie une forte frégate américaine, sortit du Texel vers la fin de juillet, sous les ordres de l'amiral Zoutman. Les deux escadres, qui se dirigeaient en même temps vers la Baltique, se rencontrèrent à peu de distance de Doggers-Banck : l'une et l'autre montrèrent une égale ardeur pour le combat, et s'y disposèrent dans un silence terrible. Elles s'approchent à une demi-portée de fusil : les deux vaisseaux amiraux s'engagent les premiers ; le *Ruyter*, monté par l'amiral Zoutman, combat comme s'il était dirigé par l'immortel marin dont il porte le nom. L'action devient générale et dure quatre heures, sans qu'aucun des combattans obtienne un avantage signalé. Au moment où, par un dernier effort, ils voulaient décider la victoire, les deux flottes reculent tout à coup, tous les vaisseaux avaient été tellement endommagés, qu'aucun d'eux ne pouvait plus se gouverner ; la mer, qui gronde et bouillonne, s'interpose entre eux pour les séparer. La perte des Anglais dans cette bataille fut de quatre cent cinquante homme tués ou blessés. Les Hollandais en perdirent cinq cents. Ces derniers rentrèrent au Texel, où un de leurs vaisseaux coula. Hyde-Parker regagna l'Angleterre dans un même état de détresse. Ses compatriotes donnèrent des éloges à sa bravoure ; mais il ne cessa d'accuser l'amirauté, qui lui avait donné des forces insuffisantes. Un pareil début devait encourager les Hollandais, et cependant le combat de Doggers-Banck fut le dernier où l'on pût reconnaître une marine autrefois si vantée : ils parurent n'être plus que les spectateurs d'une guerre où toutes leurs possessions étaient envahies ou menacées.

Les événemens des Indes orientales, dont je tracerai tout à l'heure un tableau rapide, devenaient alarmans pour l'Angleterre. Ce n'était plus seulement un chef barbare qui menaçait les conquérans, ou plutôt les tyrans des Indes : c'était un Français, un marin en qui l'on croyait voir revivre les talens de Duquesne et de Tourville, et les vues élevées de Labourdonnaie et de Dupleix. Que la guerre eût continué deux années seulement avec la vigueur que les alliés avaient déployée dans celle-ci; qu'ils eussent renoncé à l'entreprise tout à la fois gigantesque et frivole du siége de Gibraltar; que des nombreux vaisseaux et des trente mille hommes ridiculement employés à l'attaqué de ce rocher, on eût tiré de puissans renforts pour les utiles expéditions des deux Indes; enfin, que des vaisseaux français eussent ramené l'escadre hollandaise dans la Baltique, et décidé les puissances du Nord à venger leur pavillon, c'en était fait de la puissance coloniale de l'Angleterre et de toute sa tyrannie maritime.

Discours de Fox contre les ministres. 1782. Quatre ans auparavant le ministère britannique avait été fortement ébranlé par la capitulation du général Burgoyne ; tout indiquait qu'il ne survivrait pas long-temps à celle du général Cornwallis. Le parti de l'opposition accabla les ministres de reproches, d'invectives et d'accusations. Le roi venait de prononcer un discours dans lequel, en exprimant de faibles regrets pour des pertes qu'il affectait d'atténuer, il exprimait encore de la sécurité pour l'avenir. Trois orateurs s'élevèrent avec force contre l'adresse de remercîment : c'étaient Fox, Burke et le jeune Pitt, second fils de lord Chatam. On eût dit que chacun d'eux imitait une qualité particulière du talent de ce grand homme : Fox, l'énergie de ses pensées et de ses mouvemens : Burke, la brillante vivacité de ses images; et son fils, la lucidité de ses raisonnemens. Ce fut Fox qui poussa le plus loin la violence de ses attaques. « Je m'attendais, » dit-il, à n'entendre d'un souverain chéri » que des paroles dignes de son cœur; tout » me faisait croire qu'il aurait le courage de » confesser une trop longue erreur au mo- » ment où le peuple anglais l'expie si cruel- » lement : mais qu'ai-je entendu ? le systè- » me que nous maudissons depuis dix ans, » on le reproduit encore ! Nos malheurs, on » les nie ! nos dangers, on ne veut pas les

» voir ! nos affronts, on les supporte avec
» une lâcheté flegmatique ! Celui qui, ne
» connaissant pas le caractère personnel de
» notre monarque, lui attribuerait ce dis-
» cours et n'y verrait pas l'ouvrage de ses
» ministres, le prendrait pour un despote
» insensible qui se fait une horrible joie de
» sacrifier la vie et la liberté de ses sujets,
» et qui se montre encore altéré de ven-
» geance lorsqu'il ne peut plus espérer la
» victoire. L'indignation m'emporte, sans
» doute. Eh ! puis-je la contenir, quand je
» viens d'entendre un orateur nous accuser
» de l'origine et des suites funestes de la
» guerre d'Amérique, nous qui en avons
» désavoué l'exécrable principe et prédit
» toutes les conséquences ? Les discours de
» l'opposition sont à vos yeux une source
» de calamités : hommes d'État misérables,
» ne voyez-vous pas que ces terreurs sont
» l'aveu de votre ineptie ? C'était par vos
» actes qu'il fallait confondre nos paroles,
» par vos succès qu'il fallait humilier notre
» prévoyance, par la gloire et la prospérité
» de notre nation qu'il fallait étouffer nos
» chagrins. Vos fautes ont fait la force de
» tous nos discours que vous avez méprisés.
» C'est vous qui, dans cette chambre, avez

» doublé le nombre de nos partisans et de
» nos amis, et qui, dans la nation, l'avez
» rendu égal à celui de tous les généreux
» Anglais. Grâce au ciel, nous avons acquis
» le droit et la puissance de vous arrêter
» dans des mesures funestes : nous pouvons
» au moins vous empêcher d'envoyer une
» troisième armée anglaise passer sous des
» fourches caudines; nous pouvons plus, et
» la pitié ne nous empêchera point de rem-
» plir ce devoir ; nous devons vous pour-
» suivre jusque devant le tribunal de la
» justice, et vouer de grands coupables à
» l'échafaud. »

Les ministres n'obtinrent, dans cette oc- *Nouveau mi-*
casion, qu'une faible majorité; elle décrut *nistere.*
encore dans les débats qui suivirent. Lord *Mars*
Germaine, chargé du département des co- *1782.*
lonies, et lord Sandwich, qui présidait
l'amirauté, furent menacés d'être mis en ac-
cusation. Une discussion très-vive était engagée, lorsque lord North, en entrant, dit,
avec son flegme accoutumé : *Cette discussion fait perdre à la chambre un temps précieux : sa majesté vient d'accepter la démission de chacun de ses ministres.* Le roi
Georges fut alors obligé de subir la loi d'un
parti qui voulait faire dominer les principes

les plus sévères du *wighisme.* Le vertueux marquis de Rockingham fut mis à la tête du ministère ; Fox, le duc de Richemond et lord Shelburne furent nommés secrétaires d'État. L'amiral Keppel présida l'amirauté. Burke et le colonel Barré eurent des emplois importans. Le jeune Pitt, assez sûr de son génie pour ne vouloir pas s'essayer dans un rôle secondaire, couvrit du voile de la modestie un refus ambitieux. Le triomphe complet du wighisme fut attesté par des actes humilians pour la couronne. Le parlement cassa tout ce qu'il avait fait lui-même concernant l'élection si long-temps contestée de Wilkes. On crut être arrivé au moment où se réaliserait l'importante motion que Pitt avait faite pour la réforme des élections parlementaires. Un respect raisonné pour des abus anciens, et peut-être nécessaires, sauva l'Angleterre de ces crises, de ces calamités dans lesquelles on tombe souvent en cherchant la perfection d'un système politique.

Renvoi de Necker. Mai 1781.

Les succès de la campagne de 1781 ne produisirent pas en France l'allégresse qu'ils devaient exciter ; et la prise d'Yorck-Town, le plus beau fait d'armes de la guerre, fut moins célébrée que ne l'avait été la con-

quête de la Grenade. Après quatre ans on
sentait tout le fardeau de la guerre : celui
qui en avait su dissimuler aux Français les
énormes dépenses, Necker, n'était plus en
place; il avait succombé à toutes les inimi-
tiés, à tous les reproches qu'avait excités
son orgueilleux *Compte rendu*; et le roi de
France avait cru montrer, en l'éloignant,
qu'il ne se laisserait point assimiler à un roi
d'Angleterre. La disgrâce de Necker était
considérée comme une calamité publique.
La noblesse avait presque décerné un triomphe au duc de Choiseul, lorsqu'il fut exilé
par Louis XV ; les regrets causés par le départ de Necker ne se manifestèrent point
avec le même éclat, mais ils furent plus profonds et plus généralement sentis. Il y eut
d'abord dans tout le royaume un silence lu-
gubre : commerçans, capitalistes, hommes
de loi, propriétaires aisés, toutes ces classes
enfin dont se composait le *tiers état*, montraient l'excès de la consternation. Le *tiers
état*, si long-temps dédaigné, croissait en
force, et par les progrès de la civilisation,
et par ceux de la philosophie. Turgot avait
voulu en être le bienfaiteur ; Necker en avait
été le courtisan. Le peuple préférait celui
qui avait pris le plus de soins pour lui plaire,

et qui avait le plus frappé son imagination par des ressources dont il semblait emporter le secret. En regrettant Necker, on pleurait sur le roi ; et le peuple, qui aimait Louis XVI, disait hautement : *On a trompé notre bon roi ; on le trompera toujours : que va-t-il devenir ?*

Des observateurs plus sévères, et que leurs emplois mettaient à portée de suivre de plus près les mouvemens de la cour, regardaient la disgrâce de Necker comme une nouvelle et fatale révélation sur le caractère du roi. Ils ne doutaient pas que Necker ne l'eût informé avec scrupule de tous ses plans, et qu'ils n'eussent reçu l'assentiment du monarque. « Tel est donc, disaient-ils, » l'effet de la faiblesse, qu'elle peut faire ou- » blier à un roi, naturellement probe et » sincère, la honte d'être infidèle à des pro- » messes ou positives, ou répétées cent fois » d'une manière indirecte. Craignons que » Louis XVI n'abandonne un jour ses droits, » son autorité, son trône, avec la même » facilité qu'il sacrifie ses ministres. »

Naissance d'un dauphin. 1781.

La tristesse que répandit dans le peuple le renvoi de Necker fut si profonde, que les fêtes occasionées par la naissance d'un dauphin né la dissipèrent pas complétement.

La reine était accouchée de ce prince le 22 octobre 1781. De nouveaux impôts prolongèrent le chagrin du peuple, et parurent justifier ses tristes pressentimens. Les fonctions de contrôleur général des finances avaient été rétablies pour Joly de Fleury, qui n'avait aucune renommée comme administrateur. Forcé de recourir à de nouveaux emprunts que la diminution du crédit rendait plus difficiles, il leur donna pour hypothèque un troisième vingtième, auquel on ajouta de nouveaux sous pour livre, et une augmentation de droits sur les entrées de Paris. Les parlemens, favorables à un contrôleur général qui portait un nom cher à la magistrature, ne firent que de faibles représentations contre les emprunts et contre les impôts que nécessitait une guerre dont on pouvait enfin espérer d'utiles et de glorieux résultats.

Le conseil du roi parut changer de face par la mort du comte de Maurepas. Ce ministre, qui profana par la futilité de ses goûts la dignité de la vieillesse, et qui trahit par son égoïsme la confiance du jeune monarque dont il aurait dû affermir le règne et le caractère, expira le 21 novembre 1781. La France avait fait, au mois de mars de la

Mort du comte de Maurepas et de Turgot. 1781.

même année, une perte déplorable, celle
de Turgot : il mourut à l'âge de quarante-
neuf ans, d'un accès de goutte, maladie
qui avait frappé la plupart de ses parens à
un âge peu avancé. Il avait porté dans sa
retraite l'activité d'un esprit vaste et d'une
âme bienveillante ; il développait chaque
jour ses projets avec la certitude que le roi
serait bientôt forcé d'y chercher le salut de
ses finances et de son autorité, mais aussi
avec la crainte qu'il ne l'y cherchât trop
tard. Ce genre d'alarmes troublait seul
les paisibles jouissances qu'il trouvait dans
la culture des lettres, et dans le commerce
d'amis qui aimaient et qui honoraient chaque jour davantage ce ministre disgracié.
Le ciel privait l'infortuné Louis XVI d'un
guide sage et ferme qu'il eût pu retrouver
aux différentes époques de ses dangers, et
dont le secours lui eût été particulièrement
utile, et même nécessaire, dans l'année 1787,
au moment où l'on voulut appliquer à la
fois tous ses principes. Turgot eût-il triomphé et de la faiblesse du monarque, et de
l'agitation du peuple, et des intrigues de la
cour, et de la fatale résistance des grands ?
voilà ce qu'on ne peut affirmer ; mais ce
dont personne ne doute, c'est qu'il eût

su mourir comme son ami Malesherbes.

Louis XIV, après la mort du cardinal Mazarin, avait annoncé et tenu la résolution de régner seul. Louis XV, après la mort du cardinal de Fleury, fit la même promesse, et l'oublia au bout de quelques jours. Louis XVI, quand il eût perdu son faible guide, crut de bonne foi pouvoir se passer à jamais d'un ministre principal. Il annonçait qu'on ne verrait pas sous son règne une autorité telle que celle du duc de Choiseul. Cependant il donna au comte de Vergennes le titre de chef du conseil des finances : c'était lui conférer une sorte de suprématie sur les autres ministres. Il est vrai que le roi se réservait de s'occuper spécialement des finances, et en conférait avec tous les ministres d'État : leurs comptes furent soumis à un examen très-rigoureux. Le marquis de Ségur et le marquis de Castries, fiers de l'intégrité et même du succès de leur administration, s'offensèrent bientôt d'un esprit de recherche qu'on poussait envers eux jusqu'à la dureté et l'injustice. Quelquefois ils refusaient de venir au conseil où ils étaient mandés, ou bien ils y montraient un chagrin profond qui blessait et désolait le roi. La reine se déclarait contre le comité, le comte de Vergennes, et le contrôleur général Joly de Feury, qui paraissait être le protégé de ce ministre. Louis, importuné des révélations qu'un pareil travail lui donnait sur les finances, et des tracasseries qu'il faisait naître, y renonça, et Joly de Feury fut promptement sacrifié à l'espoir de ramener la paix dans le conseil.

Cet état de désunion entre les ministres, et ce défaut d'une action centrale, contribuèrent aux mauvais succès de la campagne de 1782; il faut en offrir le triste tableau.

La France et l'Espagne avaient tout disposé pour la conquête de la Jamaïque. Le comte de Grasse, avec une escadre de trente-trois vaisseaux de ligne, était parti du Fort-Royal de la Martinique pour aller chercher l'escadre espagnole à Saint-Domingue. Il avait à bord une armée bien suffisante pour jeter la terreur dans la Jamaïque, et il allait au-devant de seize mille soldats espagnols; un tel renfort n'eût plus laissé de doute sur le succès de l'expédition. Rodney, qui était revenu d'Angleterre, croisait dans le canal de Sainte-Lucie, avec une escadre de trente-cinq vaisseaux, pour empêcher cette jonction. Il rencontra, le 9 avril, l'escadre française qui avait dépassé la Dominique, et qui

Bataille navale perdue par les Français.
12 avril 1782.

se développait pour couvrir un nombreux convoi. Il résolut de l'attaquer. Un vent frais qui s'éleva, seconda son dessein. Les premiers vaisseaux français qui furent engagés reçurent, avec une grande intrépidité, le choc du *Formidable* et de deux vaisseaux de 90. Après quelques heures de combat, Rodney vit son avant-garde tellement maltraitée, qu'il laissa l'amiral de Grasse continuer sa route ; mais il le suivit de fort près. Le 11 avril, l'escadre française était entre la Guadeloupe et les Saintes, dans une situation où l'on ne pouvait la forcer au combat. Déjà il n'y avait plus d'obstacles à sa jonction avec l'escadre espagnole. Un accident, peu fait pour déconcerter le comte de Grasse, lui fit perdre les avantages de sa position. Un de ses vaisseaux, *le Zélé*, avait abordé, vers le soir, *la Ville de Paris*, et rompu, par l'effet de ce choc, ses mâts de beaupré et de misaine. Dans cet état déplorable, *le Zélé* tomba sous le vent de l'escadre anglaise. Le 12, au point du jour, le comte de Grasse ne vit plus ce vaisseau, et voulut le rallier à sa flotte : son armée arrive sur les Anglais ; *le Zélé* se dégage, mais la bataille devient inévitable.

Le comte de Grasse conduisait le centre,

le marquis de Vaudreuil était à l'avant-garde ; l'arrière-garde était commandée par le cé-lèbre navigateur de Bougainville *. Les for-ces étaient à peu près égales de part et d'au-tre. Les deux escadres avaient eu, dans le combat du 9, deux vaisseaux endommagés, qui étaient entrés dans des ports voisins. Le comte de Grasse avait mis en sûreté son con-voi. Cependant ses vaisseaux restaient char-gés de plusieurs milliers de soldats et d'un nombreux attirail qui gênaient beaucoup les manœuvres. A sept heures du matin le com-bat s'engage : dans l'horrible mêlée de soixan-te-trois vaisseaux de guerre , tout semblait dépendre des deux plus puissantes masses. *Le Formidable*, de 98, et *la Ville de Paris*, de 110, pendant une bataille de douze heures, lâchèrent quatre-vingts fois leur épouvanta-ble bordée. Les marins des deux nations montraient autant de justesse que de promp-titude dans le service des batteries ; mais des deux amiraux, l'un, Rodney, quoique contrarié par le vent, semblait toujours prêt à percer la ligne française ; l'autre, qui paraissait plus songer à son vaisseau qu'à

* Dans le dix-septième Livre je parlerai des Voya-ges autour du monde de Bougainville, de Cook et de Lapeyrouse.

son escadre, n'ordonnait point de grandes évolutions. Jusqu'à dix heures, les efforts de Rodney pour exécuter la manœuvre décisive avaient été inutiles. *Le Sceptre* et *le Glorieux* avaient soutenu le choc d'une grande partie de l'avant-garde anglaise ; mais le vent changea, et, passant de l'est au sud-est, servit les desseins de Rodney. A l'impétuosité de ses mouvemens, on eût dit qu'il commençait seulement la bataille. Les vaisseaux français du centre et de l'avant-garde avaient beaucoup souffert : l'arrière-garde restait un peu en arrière. *Le Glorieux* était démâté : quatre vaisseaux anglais viennent l'assaillir ; il cède et se retire : la ligne des Français est coupée. Les signaux de Rodney sont entendus : tous ses vaisseaux viennent, dans un ordre savant, suivre la route que leur indique *le Formidable.* Les Français vont combattre partiellement et sans concert ; mais leur courage n'est point épuisé. Les Anglais seraient encore loin de la victoire, si leur artillerie, en moissonnant des rangs de soldats inutiles aux manœuvres, n'augmentait le désordre et le désespoir de nos marins. *Le Canada*, monté par Cornwallis, réussit enfin à s'emparer de *l'Hector ; le César* se rend au *Centaure,* après avoir eu deux capitaines tués. *Le Glorieux* et *l'Ardent* éprouvent le même sort. *Le Diadème*, tout fracassé, s'enfonce. Cornwallis, qui a commencé la victoire, se précipite sur *la Ville de Paris*, que dix heures d'un combat acharné paraissent avoir mis dans la plus grande détresse. Il en est reçu comme si ce vaisseau eût encore conservé toutes ses foudres ; il insiste : six vaisseaux secondent son attaque. Tantôt *la Ville de Paris* se défend seule, tantôt elle reçoit un secours momentané du *Languedoc*, de la *Couronne*, du *Pluton* et du *Triomphant* ; ils sont successivement écartés. Le comte de Grasse se défend encore. Le soleil est près se coucher ; la nuit peut amener le salut de l'amiral ; mais Samuel Hood, monté sur *le Barfleur*, s'approche assez près de *la Ville de Paris* pour emporter soixante hommes d'une seule décharge. Le combat continue : une seconde décharge du *Barfleur* foudroie *la Ville de Paris*. Trois hommes seulement, y compris l'amiral, sont restés sans blessure ; il cède enfin à la fortune, et se rend à Samuel Hood. La nuit mit fin au combat.

Sans cette journée, l'équilibre était tout-à-fait rétabli entre la marine de la France et celle de l'Angleterre ; sans elle, les ri-

vages des deux continens étaient affranchis
des dures lois d'un commerce dominateur.
Il est vrai que la bataille du 12 avril ne
fut suivie d'aucune conquête, ni même d'aucune entreprise des Anglais ; mais leur
triomphe était d'une importance extrême
dans l'opinion, parce que les Français n'é-
taient alors que trop disposés à reconnaître
la supériorité maritime de leurs ennemis.
L'effet de dix combats où notre marine les
avait tenus en échec par l'habileté de ses
manœuvres, fut, sinon perdu, du moins
obscurci.

Rodney n'avait point mis de vigueur dans
sa poursuite ; mais la fortune, toujours
prête à le seconder, lui fit rencontrer, le
lendemain, deux vaisseaux et trois frégates
qui n'avaient point pris part à la bataille :
il s'en empara. Une seule frégate réussit à
s'échapper. Bougainville conduisit à Saint-
Eustache une partie de l'escadre battue. Le
marquis de Vaudreuil conduisit l'autre à
Saint-Domingue, où était arrivé le convoi,
désormais inutile pour l'expédition de la
Jamaïque, à laquelle il fallait renoncer. Les
Anglais avaient eu, dans la bataille, plus de
mille hommes tués ou blessés. Les Français
en avaient perdu trois mille, sans compter

les prisonniers. Quatre cents hommes avaient été tués sur le seul vaisseau *la Ville de Paris*. Le brave capitaine Laclochetterie, celui qui, sur la frégate la *Belle-Poule*, avait commencé si glorieusement la guerre, fut au nombre des morts, ainsi que cinq autres capitaines, d'Escars, Bernard de Marigny, Saint-Césaire, Dupavillon, et de Lavicomté. Les Anglais regrettaient les deux capitaines Boyne et Blair. Le vaisseau *le César* brûla durant la nuit qui suivit la bataille : le feu y prit par l'imprudence des Français prisonniers ; leur désespoir était tel, qu'ils ne firent aucun effort pour l'é-teindre. *La Ville de Paris* avait été en vain réparée à la Jamaïque ; ce vaisseau coula après avoir conduit en Angleterre le mal-heureux comte de Grasse.

Tandis que, dans sa patrie, on dévouait son nom à l'outrage, et que des chansons d'une infâme et odieuse gaieté insultaient à sa défaite, il était à Londres l'objet d'une admiration et d'un enthousiasme excessifs. Il fut présenté au roi ; on eut l'inhumanité de lui donner des fêtes. Partout il était salué du surnom de l'*intrépide Français*. Chacun voulait avoir son portrait. Ces témoi-gnages rendus à la valeur d'un ennemi malheureux n'étaient, de la part des Anglais, qu'un moyen de prolonger la joie du triomphe dont ils s'enorgueillissaient. La nation française le comprit ainsi , et n'en fut que plus irritée contre l'amiral qui n'avait pas su faire respecter aux Anglais le deuil profond dans lequel il devait être plongé.

Le gouvernement anglais devait une grande réparation à Rodney , dont la destitution avait été prononcée avant la bataille du 12 avril. Le roi lui donna la pairie, et le parlement pourvut à son sort avec libéralité. Cependant ses compatriotes se plaignirent de lui , lorsqu'ils apprirent que le chevalier de Lapeyrouse , avec un vaisseau et deux frégates , avait impunément dévasté un de leurs plus beaux établissemens dans la baie d'Hudson ; que les Français n'avaient point été inquiétés dans les Antilles , ni les Américains sur leurs rivages ; et même qu'on avait été forcé d'évacuer Savanah. Les ministres wighs , qui dominaient alors le roi , pensaient qu'il fallait se hâter de conclure la paix après une victoire éclatante ; mais le gouvernement français avait encore le salutaire orgueil de différer la paix jusqu'à ce que son malheur eût été réparé. Le patriotisme des différens corps de l'État vint seconder cette noble résolution. Les princes, le clergé, les États, le commerce, firent des souscriptions pour remplacer les huit vaisseaux qu'on avait perdus à la bataille du 12 avril, et surtout *la Ville de Paris*. On se rappelait avec douleur que ce magnifique vaisseau avait été donné au roi Louis XV après un grand désastre maritime, et l'on se livrait à de tristes présages : ils ne furent que trop confirmés par la funeste expédition de Gibraltar.

Siége de Gibraltar. 1782.

Cette forteresse, qu'une armée nombreuse et tristement inactive bloquait par terre, tandis qu'une escadre de quarante-six vaisseaux de ligne espérait fermer aux Anglais l'entrée du détroit, avait été ravitaillée, en 1780, par l'amiral Rodney, et en 1781 par l'amiral Darby. Les ouvrages des assiégeans avaient été conduits jusqu'au pied du rocher ; leurs bombes avaient détruit la ville presque entièrement : mais les fortifications n'avaient été nullement atteintes. La cour d'Espagne n'en persévérait pas moins dans la résolution d'enlever aux Anglais une possession qui avait été pour eux le prix facile et inespéré d'une surprise. L'honneur national demandait à l'Espagne de rentrer dans ce fort, comme il avait demandé à la

France de chasser les Anglais de Calais et de
Dunkerque ; mais c'était sur les côtes de
l'Angleterre qu'il fallait reconquérir Gibraltar, et l'on avait trop facilement abandonné une entreprise qui avait été éprouvée, non par trois expéditions, mais par
trois voyages maritimes mal conduits.

La prise de Gibraltar était un problème
qui exerçait les meilleurs marins, les officiers les plus instruits et les ingénieurs les
plus distingués. On vantait parmi ces derniers le chevalier d'Arçon, homme d'une
âme et d'une imagination ardentes. Un
projet qu'il avait conçu pour l'attaque de
Gibraltar était mis au rang des grandes
découvertes du génie militaire. Avec des
carcasses de gros navires rasés comme des
pontons, recouverts d'un blindage incliné,
et qu'il croyait, par une mécanique très-
compliquée, avoir mises à l'abri des bombes et des boulets, il établissait des batteries
flottantes qui devaient offrir un front de
cent cinquante pièces de canon, et battre
d'assez près la place pour faciliter l'assaut.
Les hommes les plus habiles avaient ap-
plaudi à ce moyen : la cour d'Espagne résolut de l'employer. Elle confia la direction
du siége au duc de Crillon, célèbre par la

conquête de l'île de Minorque. Deux princes
français, le comte d'Artois et le duc de
Bourbon, voulurent prendre part à une expédition qui fixait les regards de toute l'Europe. Un valeureux étranger, le prince de
Nassau, qui se faisait une patrie partout où
il espérait trouver des périls et de la gloire,
se présenta au camp de Saint-Roch. Là, les
deux nations alliées rivalisaient de luxe,
en attendant l'occasion de rivaliser de bravoure. Jamais une expédition guerrière ne
s'était présentée sous un aspect plus sédui-
sant ni plus commode. Des tentes somp-
tueuses pour les officiers, d'élégantes bara-
ques pour les soldats, de petits jardins dont
elles étaient entourées, des tables splendi-
dement servies, des jeux de toute espèce,
des concerts et des danses, auraient fait oublier qu'il s'agissait du siége le plus difficile
et d'une entreprise vraiment gigantesque,
si l'intrépide gouverneur de la place, Elliot,
ne l'avait de temps en temps rappelé aux
assiégeans par des sorties heureuses. Loin
de lui savoir mauvais gré de troubler ainsi
leurs plaisirs, ils faisaient offrir diverses
sortes de rafraîchissemens au gouverneur
d'une garnison qu'on croyait affamée; et
celui-ci, pour dissimuler sa détresse, en

faisait offrir à son tour. Au milieu de ces traits de courtoisie militaire, et de ces divertissemens, de sourds élémens de discorde fermentaient parmi les assiégeans. Le duc de Crillon n'approuvait point le plan des batteries flottantes ; les officiers et les soldats espagnols en auguraient encore plus mal. Cependant le ministre principal de cette monarchie, le comte de Florida Blanca, exigea que l'on fît un prompt usage des batteries flottantes, parce que, impatient de la paix, il croyait l'obtenir à des conditions honorables, si les Anglais perdaient l'espoir de conserver Gibraltar *· Ce

* On lit sur ce fait des détails intéressans dans les Mémoires peu connus du duc de Crillon ; ils montrent la prévoyance et la loyauté de ce militaire. Il venait de faire beaucoup de représentations au comte de Florida Blanca contre le projet du chevalier d'Arçon, et il refusait d'être chargé du siégé. « Ce ministre, est-il dit dans » ces Mémoires, eut l'air de penser un moment, et dit » à M. de Crillon : Laissez-moi passer un instant dans » mon cabinet, et restez ici. Il ne tarda pas à revenir, et » dit alors à M. de Crillon : J'ai connu votre sagesse, et » surtout votre discrétion, votre conduite dans la conquête » de Mahon ; ainsi je vais vous parler avec confiance. Nous » sommes en mesure de faire la paix, et c'est la prise de » Gibraltar qui doit en décider les conditions. Toute › l'Europe a les yeux ouverts sur le projet de M. d'Ar-

296 LIVRE XVI, RÈGNE DE LOUIS XVI :

fut, dit-on, à regret, que le chevalier d'Arçon vit faire une épreuve précipitée de machines dont il n'avait pas encore perfec-
tionné la construction. Le moyen qu'il avait

» çon, et le regarde comme assuré : la France n'en
» doute point, et nous savons (par toutes les nouvelles
» d'Angleterre) que les Anglais sont si prévenus sur le
» succès de cette entreprise, qu'il y a toute apparence
» que le gouverneur de Gibraltar, homme de mérite,
» et aussi sage qu'il est brave, ne voudra pas s'obstiner
» au parti hasardeux de se laisser emporter d'assaut,
» dès qu'il verra sa place ouverte, ou du moins après
» avoir reconnu la possibilité de le donner ; vous serez
» d'ailleurs toujours le maître d'en retarder le moment.
» Alors vous nous enverrez un courrier pour demander
» au roi ses derniers ordres, en insérant dans votre
» lettre vos réflexions sur cette entreprise : voilà ce qui
» dépendra de vous : et pendant que, pour son exécu-
» tion, vous ferez traîner vos préparatifs, nous aurons
» le temps de pousser nos négociations sans vous com-
» promettre, ni l'armée du roi.
» M. de Crillon fit à son tour un moment de réflexion
» sur les dernières paroles du ministre, et lui dit : Mon-
» sieur, on connaît votre amitié pour moi, et les bontés
» du roi : cette justification paraîtrait suspecte. Ainsi je
» vais vous faire une proposition d'après laquelle j'ac-
» cepterai le projet, et vous donne ma parole que,
» jusqu'à son exécution, faite ou manquée, j'aurai l'air
» de l'adopter comme s'il était de moi, puisque vous me
» faites l'honneur de croire que mon faible suffrage

imaginé pour les mettre à l'abri des boulets rouges par une circulation d'eau perpétuelle et de trous qui se correspondaient , n'était point encore assuré.

Le 13 septembre, à sept heures du matin, dix batteries flottantes furent lancées d'Algésiras : trois s'approchèrent fort près de la place. Le prince de Nassau en montait une. Jusqu'à trois heures de l'après-midi, elles eurent un succès qui paraissait confirmer toutes les espérances de leur inventeur. Ce

» pourra y ajouter quelque force ; je vous promets même » d'employer de la meilleure foi (dont je me flatte que » vous êtes assuré de ma part) tous les moyens possibles » qui me seront indiqués par M. d'Arçon pour la réus- » site de son projet ; j'y mettrai la plus grande activité, » mais sans y faire rien de mon chef que ce qu'il me » prescrira, me soumettant en cela absolument à ses » ordres, aux conditions expresses qu'en partant pour » Gibraltar je laisserai dans les mains d'une femme de » mes amies, que vous connaissez et estimez, qui est » madame de Marco, une déclaration authentique » contre le projet de M. d'Arçon. Madame de Marco » ignorera le contenu du paquet, que je lui donnerai » comme un témoignage de confiance en elle, sur l'exé- » cution de mes dernières volontés. Ce paquet ne pourra » être ouvert qu'au moment où elle recevra un cour- » rier de moi ou de mon fils. » Cette proposition fut acceptée.

nouveau genre d'attaque était secondé par
le feu des batteries du camp de Saint-Roch.
Les Anglais montraient de l'hésitation et de
l'étonnement. Les fortifications de la place,
et surtout les murs du vieux môle, étaient
vivement attaqués. Les boulets, les bombes,
et même les boulets rouges, n'avaient produit aucun effet sur les batteries flottantes.
L'alarme commença quand on vit deux de
ces batteries fumer et s'embraser. De petits
bâtimens et des nageurs accoururent pour
éteindre la flamme ; mais, pendant qu'on était
occupé de ces soins, les batteries ralentis-
saient leur feu : celui des assiégés redoublait ;
ils lançaient contre elles des chaloupes ca-
nonnières qui les prenaient de flanc. Les
boulets rouges déconcertaient les efforts
des travailleurs. La valeur héroïque et la
présence d'esprit du prince de Nassau, du
chevalier d'Arçon et d'un brave Espagnol,
Moreno, retardaient le désastre général ;
mais la nuit rendit plus affreux le développement de ce vaste incendie. Les bombes et
les boulets ne cessaient de pleuvoir de l'inex-
pugnable rocher ; l'obscurité ne permettait
plus ces secours empressés qui avaient arrêté le feu. Les Espagnols mirent le feu à
plusieurs des batteries que les boulets rouges

avaient épargnées, soit par un mouvement de rage, soit par la crainte qu'elles ne tombassent au pouvoir des Anglais. De malheureux soldats, pour échapper à l'incendie, se jetaient dans la mer, et, désespérant d'atteindre le rivage, revenaient s'accrocher aux batteries mêmes qu'ils voyaient brûler. Plusieurs officiers français, et particulièrement MM. de Rouffignac et de Grave, s'exposèrent aux plus grands dangers pour sauver leurs compagnons. L'humanité que les vainqueurs déployèrent adoucit un peu l'horreur de cette nuit terrible. Un Anglais, dont il ne faut pas que la postérité oublie le nom, le capitaine Curtis, monté sur une chaloupe canonnière, brava plus de dangers pour sauver les victimes de ce désastre, qu'il n'en avait couru dans le combat même : quatre cents hommes lui durent la vie. Plus de quinze cents Français ou Espagnols périrent. Une seule des dix batteries flottantes ne fut point brûlée, mais elle se rendit aux Anglais.

. On juge de la consternation et de toutes les discordes qui régnaient parmi les alliés après cette fatale expédition. Les marins espagnols et français ne s'entendaient plus sur aucun point. Quelque invraisemblable

Howe ravitaille Gibraltar.

qu'il fût que l'amiral Howe pût, avec trente-
trois vaisseaux de ligne, forcer le détroit
et secourir Gibraltar en présence d'une
escadre de quarante-six vaisseaux, parmi
lesquels on en comptait cinq de 110 canons, et le plus beau vaisseau qu'on eût encore vu, *la Trinité*, armé de 130 canons et
construit en cèdre, le découragement général rendait tout possible. L'escadre anglaise, qui avait fait voile de Plymouth le 11
septembre, était, le 9 octobre, à la hauteur
du cap Saint-Vincent. Don Louis de Cordova voulait aller à sa rencontre, lorsqu'un
furieux coup de vent tourmenta sa flotte
pendant la nuit. Plusieurs vaisseaux rom-
pirent leurs câbles ; quelques-uns, en s'abor-
dant, reçurent les plus grands dommages : le
vent en chassa d'autres dans la Méditerranée.
Le lendemain, un vent du sud-ouest permit
aux Anglais l'entrée du détroit. Une nouvelle
variation du vent les fit entrer à pleines voiles
dans la baie de Rosa, et Gibraltar fut ravi-
taillé une troisième fois. Un seul espoir restait
aux alliés après ce nouvel affront ; c'était de
s'en venger par une victoire navale. Quoique
onze vaisseaux, la plupart espagnols, eussent été jetés par la tempête à une distance
qui ne leur permettait plus de prendre part

à l'action, les marins français voulurent engager le combat. Lamothe-Piquet, qui commandait une division, arriva précipitamment sur l'escadre anglaise. Howe soutint
avec vigueur le choc impétueux des Français ; mais, comme il avait rempli l'objet de
son expédition, il ne songea qu'à se retirer
en bon ordre, et il y parvint. Dès ce moment,
l'amiral Howe fut reconnu par les Anglais
pour leur plus grand homme de mer.

Cependant le siége de Gibraltar fut continué, sur un plan nouveau, que l'imagination vive et féconde du chevalier d'Arçon
avait conçu. Le duc de Crillon était parvenu
à faire brèche dans le rocher. A la faveur
d'une seule nuit, il fit construire une muraille d'où l'on bravait le feu des assiégés.
Les militaires les plus instruits peuvent seuls
prononcer sur les résultats qu'on devait attendre de ce nouveau plan d'attaque. La
paix arrêta les travaux difficiles du siége de
Gibraltar.

Puisque nous sommes arrivés à la conclusion de cette guerre maritime, nous ne nous
arrêterons pas long-temps à rendre compte
des opérations militaires dans les Indes orientales. Les événemens de cette contrée n'ont
point, comme ceux de l'Amérique, de liai-

son intime avec le développement des mœurs nationales, but principal de cette histoire. D'ailleurs, les Français n'y figurèrent que fort tard, et leurs derniers exploits furent inutiles, parce qu'ils étaient postérieurs à la signature des préliminaires de paix. De quel intérêt serait-il de suivre avec détail les actions militaires d'Hyder-Ali et de son fils Tippoo-Saïb ? Des combats où quelques centaines d'Européens, moins animés par la gloire que par l'avarice, guident des milliers de cipayes, offrent des tableaux froids et confus. C'est aux annales anglaises à les retracer, puisqu'une grande partie de la puissance de cette nation est fondée sur des combats de cette nature.

Affaires de l'Inde durant tout le cours de cette guerre.
Dès l'année 1778, et même avant que la guerre maritime eût commencé en Europe, la France avait perdu presque toutes les possessions qui lui restaient sur la côte du Coromandel; elles avaient été prises successivement à la suite d'un engagement maritime où le chef d'escadre français Tronjoli fut battu et forcé de se retirer à l'Ile-de-France. Hyder-Ali avait eu la générosité de marcher au secours de Pondichéry, assiégé par les Anglais. Ses efforts ne purent que retarder la prise de cette ville. Le gou-

verneur Bellecombe capitula le 17 octobre 1778, après quarante jours de tranchée
ouverte. Hyder-Ali, sans alliés, continua
d'inquiéter les Anglais. Il employa trois ans
à soumettre une partie du Carnate. Au mois
de septembre 1781, il assiégeait Arcate, capitale de cette province. Quelques artilleurs
français qu'il avait dans son armée, lui firent
remporter une victoire complète sur l'armée
anglaise qui s'approchait pour faire lever
le siége. Des renforts fournis par le gouverneur du Bengale, Hastings, et des troupes
nouvelles qu'une flotte anglaise avait conduites dans les ports de la presqu'île, eurent
bientôt réparé cette défaite : Hyder-Ali
fut battu à son tour. Dans cette même année 1781, les Anglais attaquèrent, avec autant
de vigueur que de succès, plusieurs possessions des Hollandais dans l'Inde. Ces colonies, restes encore magnifiques d'une puissance qui avait coûté à ces républicains tant
d'efforts, de patience et de courage, étaient,
pour la plupart, bien fortifiées, et furent mal
défendues. La forteresse de Negapatnam,
sur la côte du Coromandel, fut livrée aux
Anglais, si ce n'est par la trahison, au moins
par la lâcheté du gouverneur. La conquête
de la baie de Trinquemale et d'une partie

de l'île de Ceylan fut encore moins disputée. Enfin, les Hollandais perdirent leurs établis_semens sur la côte occidentale de Sumatra. Dans leur désespoir et leur humiliation, ils avaient imploré la France. Ce gouvernement, qui s'était montré insensible à la perte de ses comptoirs sur la côte du Coromandel, et qui, depuis la guerre, n'avait envoyé aux Indes qu'un seul vaisseau, *le Protée*, dont les Anglais s'emparèrent, fut ému de la situation de ses alliés. Une escadre de onze vaisseaux de ligne, commandée par le bailli de Suffren, suivi d'un convoi qui portait trois mille hommes, parut dans la mer des Indes.

Depuis que les Européens se disputaient l'empire de cette mer et la possession de ses rivages ; depuis trois siècles où les Portugais, les Hollandais, les Français et les Anglais s'annoncèrent successivement en maîtres de ces belles contrées, il n'y eut point d'actions plus vivement, plus savamment disputées que les quatre batailles navales qui, dans l'année 1782, furent livrées par le bailli de Suffren à l'amiral Hughes ; elles sont faites pour être méditées par les marins ; mais eux seuls peuvent les décrire. Quoique le bailli de Suffren n'y remportât pas d'avantages décisifs, il

sut presque toujours en profiter comme de
victoires complètes. Il compta quelquefois
un ou deux vaisseaux de plus que l'ennemi ; mais quelle difficulté pour lui de réparer ses pertes, et de trouver des mouil-
lages sur des côtes où sa patrie ne possédait
plus rien ! Jamais plus exacte discipline ne
fut observée sur les vaisseaux français. Dès
le premier coup de canon Suffren communiquait à tous ses équipages sa fermeté, son
coup d'œil vif, son courage indomptable.
J'ai entendu quelques marins faire le récit
de ces combats où ils avaient assisté ; on
voyait, à la chaleur dont ils étaient encore
animés, qu'ils rappelaient les plus beaux
jours de leur vie. Ce qu'il y eut de vraiment
extraordinaire, c'est que les Anglais, habitués
depuis si long-temps aux mers des Indes,
paraissaient connaître beaucoup moins que
l'amiral français une navigation qui demande
tant d'études.

Au sortir du premier de ces combats, celui
du 15 février 1782, Suffren se présenta devant Pondichéry, et, y voyant flotter le pavillon anglais, vint dans la rade de Porto-
Novo, amener un renfort de troupes à Hyder-Ali, et lui faciliter la conquête importante
de Gondelour. Le second et le troisième

combat furent si heureux, que Suffren parvint à reprendre Trinquemale dans l'île de
Ceylan. Les Hollandais respirèrent : Suffren
faisait pour eux tout ce qu'auraient pû faire
leurs meilleurs marins dans leurs jours de
gloire.

Mort
d'Hyder-Ali.

Hyder-Ali, secondé par les Français,
qu'il avait si long-temps attendus, et tranquille sur ses possessions du Malabar, parvint à s'établir dans le Coromandel. Tout
cédait à ses armes, lorsque la mort le frappa
inopinément. Quoique son fils Tippoo-Saïb
eût hérité de sa bravoure, ce prince n'avait .
point assez d'autorité pour contenir sous ses
drapeaux les petits souverains dont son père
s'était fait le chef suprême. Il éprouva des
défections ; les Anglais en profitèrent. Ses
États furent ravagés ; sa capitale, Hyder,
fut prise avec d'immenses trésors. Enfin , il
put se venger. Une victoire qu'il remporta
lorsqu'on le croyait tout-à-fait abandonné,
lui rendit ses États du Malabar ; mais les
Anglais assiégeaient ses troupes dans Gondelour. Le comte de Bussy s'était enfermé
dans cette ville , et la défendait vaillamment. Le sort de Gondelour défendait d'une
cinquième bataille maritime : elle eut lieu
le 20 juin 1783, et mit le sceau à la gloire

de Suffren. Avec quinze vaisseaux il mal-
traita et mit en fuite une escadre de dix-huit
vaisseaux qui voulaient lui fermer l'entrée de
la rade de Gondelour. L'amiral français avait
combattu à bord d'une frégate, afin de veiller mieux aux mouvemens de toute son escadre. Une action si glorieuse était inutile
pour la paix, dont les préliminaires furent
signés le 20 janvier 1783 : elle ne fut pro-
clamée que le 25 novembre de la même
année.

L'avénement du marquis de Rockingham,
du duc de Richemond et de Fox au ministère, avait été la circonstance la plus décisive pour cette paix. Depuis long-temps ils
annonçaient la résolution de reconnaître
l'indépendance des États-Unis. Ils n'en craignaient point les conséquences - commerciales; aucun d'eux ne doutait que le besoin,
l'habitude et l'intérêt n'engageassent bientôt
les Anglo-Américains à ouvrir des relations
libres et faciles avec la métropole dont ils
avaient secoué le joug. Les principes de la
constitution anglaise leur paraissaient affer-
mis par l'humiliation même que la couronne
allait subir après tant d'inutiles efforts pour
étendre sa prérogative.

C'était pour eux une joie particulière que

de montrer à lord Bute que tous ses projets
avaient été confondus. D'ailleurs ne valait-il
pas mieux, pour l'Angleterre, reconnaître
l'indépendance des États-Unis par un traité
particulier avec cette nouvelle puissance,
que de paraître forcée à ce sacrifice par la
maison de Bourbon? Si la guerre devait continuer encore, et survivre au motif qui l'a-
vait allumée, la France et l'Espagne, après
leurs nouveaux revers, n'auraient-elles pas
tout à craindre d'une armée anglaise qui,
de Charles-Town et de New-Yorck, pourrait être portée dans les Antilles ? D'après ces
considérations, le ministère britannique ouvrit avec les États-Unis des négociations
particulières, dont la France fut loin de
s'offenser : le succès en pouvait-il être douteux, lorsque l'Angleterre cédait tout? Cependant ces espérances de paix parurent
compromises par la mort du marquis de
Rockingham, chef de la nouvelle administration, l'homme alors le plus considéré
de l'Angleterre, et qui tempérait par les
qualités les plus aimables les maximes d'un
patriotisme rigide. Deux des secrétaires d'É-
tat prétendaient à exercer après lui la suprématie ministérielle ; l'un était Fox, et
l'autre lord Shelburne. Le premier avait

affaibli sa renommée en montrant que les fonctions publiques ne réprimaient point l'emportement de ses goûts et de ses passions. Le second avait la dignité de mœurs qui fait la plus belle décoration de l'homme d'État. Pitt profita de leur division, et se liant avec lord Shelburne, auquel il paraissait céder le premier rang, il éconduisit du ministère Charles Fox; et dès lors commença entre eux une lutte politique qui devait suivre tout le cours de leur vie. Cependant Pitt et lord Shelburne se gardèrent d'abjurer les principes des wighs; ils tinrent à honneur de proclamer les premiers l'indépendance des États-Unis, et même ils consentirent à faire à cette république quelque cession de territoire. Franklin eut la gloire d'obtenir cette reconnaissance solennelle de la liberté de sa patrie; mais il ne voulut point que l'Amérique achetât le repos aux dépens de la reconnaissance : il exigea et obtint que les préliminaires n'auraient leur exécution qu'à l'époque de la paix entre la maison de Bourbon et l'Angleterre *.

Traité de paix entre la Grande-Bretagne et les États-Unis. 20 janvier 1783.

* Le traité de paix entre la Grande-Bretagne et les États-Unis d'Amérique fut signé le 20 janvier 1783. Le voici :

Article premier. Le roi de la Grande-Bretagne re-

Puisque je me suis attaché à présenter l'origine et les progrès d'une république que les philosophes et les guerriers français avaient puissamment contribué à établir,

connaît, dans les termes plus amples, les États-Unis : savoir, le New-Hampshire, la baie de Massachusset ; Rhode-Island, et les plantations de la Providence, le Connecticut, le New-Yorck, le New-Jersey, la Pensylvanie, la Delaware, le Maryland, la Virginie, les deux Carolines et la Géorgie, pour États libres, souverains et indépendans ; renonce pour lui, ses royaumes, ses successeurs et héritiers, à toute prétention de gouvernement, propriété et droits territoriaux sur lesdits États.

II. Il est déclaré que les limites des États-Unis de l'Amérique seront dorénavant une ligne depuis l'angle nord-ouest de la Nouvelle-Écosse jusqu'aux montagnes qui séparent les rivières qui se déchargent dans le fleuve Saint-Laurent, de celles qui tombent dans l'océan Atlantique ; de là descendant le long de la rivière de Connecticut, jusqu'au quarante-cinquième degré de latitude nord ; ensuite par une ligne ouest de la même latitude jusqu'à la rivière des Iroquois ou de *Cataraqui*, au milieu de cette rivière jusqu'au lac Ontario, traversant le milieu de ce lac jusqu'à la communication par eau avec le lac Érié ; de là au milieu du lac jusqu'à sa communication par eau avec le lac Huron, traversant ce lac et le lac supérieur au nord des îles Royales et Phelippeaux, le long lac, celui des bois jusqu'à sa pointe la plus nord-ouest ; ensuite suivant un cours directement ouest jusqu'au Mississipi ; de là au milieu de ce fleuve jusqu'au

je crois devoir parler de quelques scènes
intéressantes que l'Amérique offrit immédiatement après la fin de la guerre.

point où il coupe la partie la plus au nord du trente-
unième degré de latitude septentrionale jusqu'au milieu
de la rivière d'Apala-Chicola; au milieu de cette rivière
jusqu'à sa jonction avec la rivière *Flint*; de là droit à
la source de la rivière Sainte-Marie, et de là, descendant au milieu de cette rivière, jusqu'à l'océan Atlantique.

III. Les habitans des États-Unis continueront de jouir
du droit de pêche sur le banc de Terre-Neuve et le golfe
Saint-Laurent.

IV. Les créanciers de part et d'autre ne rencontreront
aucun obstacle au recouvrement de leurs dettes.

V. Le congrès recommandera aux différens États la
restitution des biens et propriétés confisqués appartenans
à des sujets britanniques.

VI. Il ne se fera plus à l'avenir de confiscations ni
aucunes poursuites contre ceux qui, dans cette guerre,
ont pris les intérêts de la Grande-Bretagne; personne
ne supportera à ce sujet aucune perte ni dommage à l'a-
venir, et les personnes qui pourraient être détenues pri-
sonnières en Amérique sur de pareilles charges seront
immédiatement élargies, et les poursuites commencées
seront annulées.

VII. Il y aura paix solide et permanente entre l'Angleterre et les États-Unis de l'Amérique; tous les prisonniers de part et d'autres seront remis en liberté sans
rançon. Les flottes et armées britanniques seront retirées

Une crainte sérieuse, celle d'une guerre civile et de tous les fléaux de l'anarchie militaire, troubla bientôt la joie qu'éprouvaient les Américains en voyant toute l'étendue de leurs rivages affranchie de la présence d'un ennemi qui dépouillait devant eux toute sa fierté, et ne semblait plus occupé qu'à fléchir leur ressentiment. Le congrès qui, depuis quelque temps, ne soutenait plus ses opérations qu'avec les subsides de la France (ils s'élevèrent en tout à dix-huit millions), avait laissé un arriéré considérable dans la solde de l'armée, et surtout dans celle des officiers. L'empressement qu'on mettait à les

du territoire des États-Unis, laissant dans les fortifications l'artillerie américaine qui peut s'y trouver, et sans enlever les nègres ou toutes autres propriétés des Américains. Les archives et les autres actes ou papiers, publics et privés, qui peuvent être tombés dans les mains des officiers britanniques, seront restitués.

VIII. La navigation du Mississipi, depuis sa source jusqu'à l'Océan, restera pour toujours libre à tous les sujets de la Grande-Bretagne et des États-Unis.

IX. En cas qu'il arrivât que quelque place ou territoire appartenant à la Grande-Bretagne ou aux États-Unis fût conquis par les armes de l'un ou de l'autre peuple avant l'arrivée de ces articles en Amérique, ces places ou territoires seront restitués sans exiger de compensation.

licencier les choqua, et leur donna de vives
inquiétudes sur leur paiement et sur les récompenses qu'ils avaient méritées. Plusieurs
d'entre eux s'assemblèrent, et tinrent un
langage hostile contre leur patrie même : ils
parlaient de ne poser les armes, et de ne se
disperser qu'après que le congrès aurait satisfait à leurs réclamations. Ceux qui montraient le plus de turbulence et qui avaient
conçu les desseins les plus pernicieux, ne
s'étaient pas flattés de pouvoir séduire leur
général par la perspective de substituer son
autorité à celle du congrès, et ses volontés
aux lois de la patrie ; mais ils espéraient
abuser de sa vive affection pour ses frères
d'armes, et de sa sollicitude pour le sort qui
les attendait. Washington n'éclata point
d'abord contre les fauteurs d'un mouvement
si dangereux ; mais il les confondit dans
une assemblée générale des officiers, auxquels il sut communiquer son civisme et son
désintéressement. On eût craint, en se ran-
geant encore parmi les mécontens, de s'a-
vouer un traître. De tous les malheurs qu'on
avait envisagés, aucun ne parut plus grave
que celui de perdre l'estime de Washington.
L'armée prit le parti de se confier à l'équité
du congrès et aux promesses que faisait cette

assemblée à un guerrier citoyen : elle n'eut pas à s'en repentir.

Ainsi s'exécuta sans tumulte, ou plutôt au milieu d'un attendrissement général, ce passage difficile. d'un état de guerre, et même de révolution à l'état de paix. Washington jugea sa patrie ; il ne vit point d'ambition parmi les premiers magistrats, point de turbulence dans le peuple. Les lois étaient peu sévères, mais elles tiraient une grande force de leur ancienneté, puisqu'enfin c'étaient les lois mêmes que chacune des provinces s'était données ou avait reçues à sa naissance ; elles étaient également corroborées par l'autorité de la religion qui subsistait, avec une douce ferveur, entre des cultes divers, habitués à se tolérer. Le luxe ne régnait point dans les villes ; l'extrême misère n'était point connue des campagnes. Les finances étaient fort embarrassées; mais nul établissement dispendieux, nulle habitude de prodigalité, ne s'opposaient à leur restauration graduelle. Une longue interruption du commerce avait ramené les Américains à l'agriculture, source des véritables richesses, et paisible école des bonnes mœurs. Les fonctions les plus importantes étaient remplies par des hommes

entre lesquels régnait une émulation de
vertus aussi-bien que de connaissances utiles
et variées, tels que Franklin, Hamilton,
Adams et Jefferson.

Washington reconnut qu'il était temps de
sanctionner par sa retraite la république
dont il était le véritable fondateur ; heureux de voir l'intérêt de sa patrie d'accord
avec la noble modération de ses goûts et de
son caractère ! Quand il eut pris cette résolution, il parut mettre ses soins à ce qu'elle
ne fût pas jugée un sacrifice, et qu'on ne
fût pas tenté de lui en faire un mérite. « Ne
» croyez pas (disait-il à tous ses officiers
» assemblés pour recevoir ses adieux), ne
» croyez pas que je renonce à la gloire ; je
» m'en propose une très-élevée : c'est celle
» d'être un bon cultivateur dans un pays
» qui doit tout tenir de l'agriculture. Si nous
» nous sommes donné réciproquement de
» bons exemples à la guerre, je veux vous
» en donner encore ou en recevoir de vous
» dans des travaux paisibles. Nous nous visi-
» terons, mes amis, et c'est dans nos champs
» bien cultivés, au sein de nos heureuses
» familles et de nos joyeux domestiques,
» que nous rappellerons tant de dangers,
» tant de travaux et tant de bienfaits de la

» Providence. Je prends congé de vous le
» cœur plein de l'affection la plus pure, et
» pénétré de la plus grande reconnaissance.
» Puissent les jours qui vont suivre être aussi
» heureux pour vous que ceux qui les ont
» précédés ont été glorieux ! Je ne puis al-
» ler à chacun de vous lui dire adieu, mais
» je serai reconnaissant si chacun de vous
» vient me serrer la main. » Tous vinrent
en silence, et avec les signes de la plus vive
émotion, serrer la main de leur général.
Peu de temps après ils le virent monter
sur un bateau qui le portait sur l'autre rive
de la rivière du Nord. Le général et toute
son armée prolongeaient leurs adieux en
élevant leurs chapeaux en l'air.

Son discours et ses adieux au congrès.

Washington se rendit à Annapolis, où le
congrès tenait alors ses séances. Voici le
discours qu'il tint en présence de cette assemblée :

« Les grands événemens qui devaient ame-
» ner ma retraite sont enfin réalisés ; je
» viens en offrir au congrès mes sincères fé-
» licitations. J'ai l'honneur de me présen-
» ter devant lui pour déposer le commande-
» ment dont il a daigné m'honorer, et je
» lui demande la permission de quitter la

» carrière où je n'étais entré que pour le
» service de mon pays.

» Heureux de voir enfin l'indépendance des
» États-Unis assurée, je quitte avec plaisir des
» fonctions dont je ne m'étais chargé qu'a-
» vec la plus grande défiance. La tâche était
» difficile, et je sentais toute la faiblesse de
» mes moyens ; mais d'un autre côté, la jus-
» tice de notre cause, l'union de tous les
» citoyens, et surtout la protection du ciel,
» qui dispose et des hommes et des empires,
» tant et de si puissans motifs m'ont sou-
» tenu.

» Le succès qui a couronné nos armes a
» surpassé nos plus hautes espérances. Plus
» je porte mes regards sur les effets merveil-
» leux de la protection céleste qui s'est ma-
» nifestée en notre faveur, plus je sens aug-
» menter ma reconnaissance.

» En répétant ici les obligations que je
» dois au zèle de toute l'armée, j'aurais de
» grand reproches à me faire si je ne té-
» moignais, dans cette circonstance so-
» lennelle, ce que je dois en particulier aux
» services et aux talens des officiers qui
» m'ont été personnellement attachés pen-
» dant le cours de cette guerre. Quand ils
» m'auraient été unis par les liens du sang,

» je n'aurais pas été mieux servi par leur
» affection et leur dévouement. Permettez-
» moi de recommander surtout à la bien-
» veillance du congrès ceux qui ont conti-
» nué leur service jusqu'à ce moment : ils
» ont des droits aux égards les plus distin-
» gués.

» Un devoir indispensable en terminant
» mes fonctions publiques, c'est de recom-
» mander les intérêts de ma chère patrie à
» la protection de l'Être tout-puissant qui
» dispose des empires : qu'il daigne étendre
» ses bénédictions sur tous ceux qui sont
» chargés de veiller au bonheur et à la tran-
» quillité de l'État !

» J'ai rempli mon devoir : je me retire du
» théâtre des affaires publiques. Je prie cette
» auguste assemblée, dont j'ai long-temps
» exécuté les ordres, de recevoir de ma
» part les adieux les plus affectionnés. Je re-
» mets ma commission, et je me retire de
» tous les emplois de l'administration pu-
» blique. »

Le président du congrès, Thomas Mifflin,
lui répondit en ces termes :

« Les États-Unis, assemblés en congrès,
» reçoivent avec la plus vive émotion la re-
» mise que vous faites ici des pouvoirs qui

» vous avaient été confiés. Vous ne vous en
» êtes servi que pour conduire nos troupes
» de victoires en victoires, dans le cours
» d'une guerre périlleuse dont le succès
» était si douteux.

» Appelé par votre pays à la défense de
» ses droits attaqués, quand vous avez ac-
» cepté cette auguste fonction, les États-
» Unis n'avaient aucune alliance ; ils étaient
» sans amis, et même sans gouvernement
» national qui pût vous seconder.

» Vous avez conduit avec sagesse et cou-
» rage cette importante guerre, et, dans les
» circonstances les plus pénibles, inviola-
» blement attaché à l'autorité civile, vous
» en avez toujours respecté les droits. Vous
» avez déployé la plus grande persévérance
» jusqu'au moment où les États-Unis, aidés
» par un roi et une nation magnanimes, ont
» pu terminer heureusement cette guerre.
» Vous avez vu la liberté, l'indépendance,
» la sûreté de votre pays, affermies sur des
» bases solides.

» Vous avez défendu la liberté dans ce
» nouveau monde ; vous avez donné de
» terribles leçons à ceux qui exercent ou qui
» souffrent l'oppression, et vous vous retirez
» du théâtre où se sont passées tant d'actions

» mémorables, emportant avec vous les hé-
» nédictions de tous vos concitoyens. La
» gloire de vos vertus survivra à votre auto-
» rité militaire ; elle ira instruire et animer
» les siècles les plus reculés. Comme vous,
» nous sommes convaincus de ce que nous
» devons à l'armée qui a servi sous vos or-
» dres. Nous nous chargeons spécialement
» du sort des officiers attachés à votre per-
» sonne jusqu'à l'époque glorieuse dont nous
» sommes les témoins.

» Nous nous joignons à vous pour re-
» commander les intérêts de notre cher
» pays à la protection du Tout-Puissant.
» Nous le prions de disposer les cœurs et les
» esprits des citoyens, de manière qu'ils
» ne laissent échapper aucune occasion de
» devenir une nation aussi heureuse que
» respectable. Nous lui demandons surtout
» qu'une vie qui nous est si chère soit l'ob-
» jet de sa protection spéciale. Nous le prions
» de répandre sur vos jours toutes ses fa-
» veurs, et de vous accorder cette récom-
» pense que le monde ne peut donner. »

Une lettre que Washington écrivit de sa
retraite exprime en termes bien nobles et
bien touchans le bonheur qui fut le prix
de ses travaux. En voici un fragment :

« Un voyageur chargé d'un pesant far-
» deau, arrivé au terme de son voyage
» après une longue et pénible route, n'est
» pas plus heureux que moi. Du haut de son
» habitation il promène ses regards sur l'es-
» pace immense qu'il a parcouru. Là il re-
» connaît les marais, ici les passages dan-
» gereux, les précipices qui se sont ren-
» contrés dans son chemin, et qu'il n'a fran-
» chis que par la seule protection du grand
» arbitre de nos destinées.

» Maintenant, simple particulier sur les
» bords du Potowmac, *à l'ombre de ma vi-*
» *gne et de mon figuier*, loin du tumulte
» des camps et des embarras des affaires pu-
» bliques, je m'abandonne à ces douces jouis-
» sances que fuient ou le guerrier qui aspire
» à la renommée, ou le ministre qui nuit et
» jour s'occupe du soin de rendre son pays
» heureux, et peut-être de ruiner les États
» voisins, comme si ce globe ne pouvait
» suffire à tous les hommes. Le courtisan, qui
» attend du sourire gracieux de son souverain
» l'arrêt de sa destinée, ne peut avoir l'i-
» dée du bonheur qui est devenu mon par-
» tage. Non-seulement je me suis éloigné
» d'un théâtre rempli d'agitations, mais
» dans le recueillement je savoure les dou-

V.   21

» ceurs de la vie privée. Sans porter envie
» à personne, je me laisserai tranquille-
» ment entraîner par le fleuve de la vie,
» jusqu'au moment où j'irai m'endormir
» avec mes ancêtres. »

J'ai montré dans le livre précédent l'effet
qu'avait produit les maximes générales du
congrès et la déclaration des droits de l'homme ; mais, quel que fût alors le prestige de
ces principes abstraits dont on attendait
une félicité commune, ils ne pouvaient exercer une influence aussi profonde que des
tableaux faits pour élever l'âme et l'attendrir.
Les jeunes officiers français avaient été témoins de plusieurs scènes touchantes ; ils
étaient aussi les amis et les frères d'armes de
Washington. Ils avaient reçu ses adieux et
ceux de tant de familles dont ils avaient protégé les foyers. Ils exaltaient à l'envi un peuple qui les bénissait, et qui n'eût pu être libre sans leur secours. Ils dissimulaient les
fautes de ce peuple, ses longs momens de langueur, et cet égoïsme de provinces qui
avait souvent trahi la cause commune. Le congrès avait fait fléchir l'austérité de ses principes démocratiques, en permettant une décoration militaire qui, par allusion au caractère de Washington, fut appelée l'*ordre*

de Cincinnatus. Plusieurs officiers français
la portèrent : c'était un nouveau lien avec
la patrie qu'ils avaient un moment adoptée. D'autres Français voulurent , après la
paix , visiter la république naissante, et
confirmèrent les éloges qu'en, avaient faits
les militaires par lesquels elle avait été défendue. Huit ou dix ans après quelques-uns
de ces hommes , proscrits dans leur patrie,
furent conduits sur ces mêmes rivages , et ne
les trouvèrent point inhospitaliers. Mais
quoique la population , l'agriculture et le
commerce des États-Unis se fussent accrus
dans une proportion étonnante ; quoique
Washington , une seconde fois arraché de sa
retraite, se montrât un administrateur aussi
ferme qu'il avait été un général intrépide , le
temps des illusions était passé pour ces
Français , et ils virent les Américains sous
un aspect beaucoup moins favorable.

La paix entre l'Angleterre et les États-
Unis fut signée définitivement le 21 janvier
1783. La veille, les préliminaires de paix
entre l'Angleterre , la France , l'Espagne et
la Hollande , avaient été signés à Versailles.
La Hollande avait perdu plusieurs de ses
belles possessions ; elles lui furent restituées.
L'Angleterre fit à l'Espagne la cession de l'île

de Minorque et de la Floride occidentale. La France et l'Angleterre se restituèrent réciproquement les conquêtes qu'elles avaient faites l'une sur l'autre dans les deux Indes, à l'exception de l'île de Tabago, qui fut cédée à la France, et de l'établissement du Sénégal, dont elle recouvra la possession. Les autres avantages que la France obtint furent une augmentation de territoire autour de la ville de Pondichéry, et celle des pêcheries du banc de Terre-Neuve ; enfin, la suppression de la condition humiliante que le traité de 1763 avait imposée relativement à Dunkerque. Voici les articles de ce traité.

Traité de paix entre la France, l'Espagne, la Hollande et l'Angleterre. 1783.

ARTICLE PREMIER. Oubli et amnistie de tout ce qui a pu être fait ou commis avant ou depuis le commencement de la guerre qui vient de finir.

II. Les traités de Westphalie, de 1648 ; de Nimègue, de 1678 et de 1679 ; de Ryswick, de 1697 ; de Paris et d'Utrecht, de 1713 ; de Baden, de 1714 ; de la triple alliance, de 1717 ; de la quadruple alliance de Londres, de 1718 ; d'Aix-la-Chapelle, de 1748 ; et de Paris, de 1763, doivent servir de règle dans tous les points auxquels il n'est pas dérogé par ce traité.

III. Tous les prisonniers seront élargis sans rançon, chaque couronne soldant les avances qui auraient été faites pour la subsistance et l'entretien de ses prisonniers. Tous les vaisseaux de guerre ou marchands, pris depuis l'expiration des termes convenus pour la cessation des hostilités, seront pareillement restitués de bonne foi, avec leurs équipages et cargaisons.

IV. Le roi d'Angleterre est maintenu dans la propriété de l'île de Terre-Neuve et des îles adjacentes, excepté des îles de Saint-Pierre et Miquelon, lesquelles sont cédées en toute propriété à la France.

V. Le roi de France renonce au droit de pêche qui lui appartenait en vertu de l'article XIII du traité d'Utrecht, depuis le cap Bonavista jusqu'au cap Saint-Jean, sur la côte orientale de l'île de Terre-Neuve, par le cinquantième degré de latitude nord ; et le roi d'Angleterre consent que la pêche assignée aux Français, commençant audit cap Saint-Jean, passant par le nord, et descendant par la côte occidentale de l'île de Terre-Neuve, s'étende jusqu'à l'endroit appelé *Caprayé*, au quarante-septième degré cinquante minutes de latitude. Les Français jouiront de la pêche qui leur est assignée par le présent article, comme ils ont eu droit de jouir de celle qui leur était assignée par le traité d'Utrecht.

VI. Les Français exerceront la pêche dans le golfe Saint-Laurent, conformément à l'article V du traité de Paris.

VII. Le roi d'Angleterre restitue à la France l'île de Sainte-Lucie, dans l'état où elle était lorsque les armes britanniques en ont fait la conquête. Il cède aussi et garantit à la France l'île de Tabago.

VIII. Le roi de France restitue à la Grande-Bretagne les îles de la Grenade, des Grenadins, de Saint-Vincent, la Dominique, Saint-Christophe, Montserrat, et Nevis, dans l'état où elles étaient, lorsque la conquête en a été faite par la France.

IX. Le roi d'Angleterre cède et garantit à la France la rivière de Sénégal et ses dépendances, avec les forts de Saint-Louis, Pador, Galam, Acquin et Portendich ; il lui restitue aussi l'île de Corée dans l'état où elle se trouvait lorsque la conquête en a été faite.

X. Le roi de France garantit à l'Angleterre la possession du fort James et de la rivière de Gambie.

XI et XII. Des commissaires seront char-

gés de fixer les bornes des possessions respectives dans l'Afrique; et, quant à la traite
de la gomme, les Anglais pourront la faire
depuis l'embouchure de la rivière Saint-
Jean jusqu'à la baie et fort de Portendich,
bien entendu que dans la rivière Saint-Jean,
sur la côte, et dans la baie de Portendich,
ils ne pourront faire aucun établissement
permanent de quelque nature que ce soit.

XIII. L'Angleterre restitue à la France tous
les établissemens qui lui appartenaient au
commencement de la guerre sur la côte d'O-
rixa et dans le Bengale, avec la liberté de
faire entourer Chandernagor d'un fossé pour
l'écoulement des eaux. Le roi d'Angleterre
s'engage à prendre les mesures qui seront en
son pouvoir pour assurer aux Français, dans
cette partie de l'Inde, comme sur les côtes
d'Orixa, de Coromandel et de Malabar, un
commerce sûr, libre et indépendant, tel
que le faisait la compagnie française des
Indes orientales, soit qu'ils fassent ce commerce individuellement ou en corps de compagnie.

XIV. Pondichéry sera également rendu et
garanti à la France, de même que Karical;
et le roi d'Angleterre procurera, pour servir
d'arrondissement à Pondichéry, les deux dis-

tricts de Vélanour et de Bahour; et à Karical les quatre magans qui l'avoisinent.

XV. La France rentrera en possession de Mahé, ainsi que de son comptoir à Surate; et les Français feront le commerce dans cette partie de l'Inde, conformément aux principes établis dans l'article XIII de ce traité.

XVI. Les alliés respectifs des deux puissances, dans les Indes, seront invités à accéder à cette pacification.

XVII. Le roi d'Angleterre consent à l'abrogation et suppression de tous les articles relatifs à Dunkerque, à compter du traité de paix conclu à Utrecht en 1713 inclusivement jusqu'à présent.

XVIII. Les deux puissances contractantes travailleront à de nouveaux arrangemens de commerce sur le pied de la réciprocité et de la convenance mutuelle.

XIX. Tous les pays conquis de part et d'autre, et qui ne sont pas compris dans ce traité, à titre de cession ou de restitution, seront rendus sans compensation.

XX. On assigne le temps où les restitutions ou évacuations seront effectuées dans toutes les parties du monde.

XXI. La décision des prises faites antérieurement aux hostilités sera remise aux cours de justice respectives.

XXII. Pour empêcher le renouvellement des procès terminés dans les îles conquises par l'une ou l'autre des puissances contractantes, il est convenu que les jugemens rendus en dernier ressort, et qui ont acquis force de chose jugée, seront maintenus.

XXIII. Les deux puissances se garantissent généralement et réciproquement toutes les spécifications du présent traité.

XXIV. Les ratifications seront échangées le plus tôt possible.

Comment lord Shelburne et William Pitt furent-ils amenés à signer deux traités par lesquels l'Angleterre renonçait à la plus grande partie de ses colonies dans l'Amérique, à une possession importante dans la Méditerranée, à l'orgueil d'exercer une domination exclusive dans les Indes et sur les rivages de l'Afrique, et surtout au plaisir d'insulter journellement la France dans une de ses villes? Pitt et lord Shelburne devaient être effrayés, à la fin de 1782, de continuer une guerre qui avait ajouté à la dette déjà immense de l'Angleterre, cent dix millions sterling (environ deux milliards cinq cents millions de livres tournois)! Ils craignaient

Murmures en Angleterre. Nouveaux changemens dans le ministère.

que la ligue formée entre presque toutes les
puissances européennes ne prît un caractère
alarmant pour le commerce britannique.
Les batailles de Suffren leur donnaient des
alarmes sérieuses pour les Indes. Une vingtaine de vaisseaux de guerre qui avaient
été successivement enlevés à la France, à
l'Espagne et à la Hollande, n'empêchait point
que la marine de ces trois nations ne fût de
plus d'un tiers supérieure à la marine anglaise. Que d'efforts et de sang même n'eût-
il pas fallu pour reconquérir des îles d'une
médiocre valeur? Deux grandes victoires ré-
cemment obtenues donnaient un air de générosité à des sacrifices nécessaires. Pitt et
lord Shelburne n'avaient que trop de raison
de penser que le commerce britannique ferait, en quelques années de paix, des conquêtes plus importantes. Les principes qui
dominaient alors en Europe, et particulièrement en France, donnaient l'espoir que ce
pays consentirait à un traité de commerce
avec l'Angleterre. Quels avantages Pitt ne se
promettait-il pas de la lutte commerciale
d'un peuple essentiellement calculateur sur
un peuple fier alors de sa légèreté? On s'était
expliqué sur ce sujet, et le comte de Vergennes avait fait des promesses qui, jointes à

d'autres ressources de son adroite politique, contribuèrent beaucoup à la conclusion d'une paix dont ce ministre put tirer un légitime orgueil. Heureux si les trois années pendant lesquelles on put méditer le traité de commerce, avaient été employées à bien préparer cet essai périlleux !

La paix de 1783 excita les plus vives réclamations en Angleterre. L'orgueil de cette nation éclata en murmures. Ce fut dans cette rumeur générale que se forma contre les ministres une ligue parlementaire que les Anglais nomment encore aujourd'hui la *ligue monstrueuse*. On vit avec étonnement et scandale Charles Fox s'unir avec ce lord North que, dans plusieurs de ses discours, il avait menacé de l'échafaud. Des hommes entre lesquels l'amitié était devenue impossible après mille déclarations d'un mépris réciproque, annoncèrent au parlement leur union nouvelle. Les ministres, auteurs de la paix, perdirent la majorité ; Fox et lord North prirent leur place. Pitt, à qui les injustes procédés de ses rivaux avaient ramené la faveur de la nation, ne les laissa pas long-temps jouir d'un triomphe honteusement acheté : il trouva bientôt l'occasion de les renverser à son tour, fut lui-même infidèle à lord Shelburne, dont il eût dû être l'allié constant, et s'empara de l'autorité principale. La faute que Fox avait commise en s'unissant à lord North était aussi opposée à la loyauté de son caractère qu'à la rigidité de ses principes politiques. Les Français, qui s'indignaient des intrigues de la cour de Versailles, connurent trop peu et ne surent point assez improuver les intrigues qui, chez leurs présomptueux voisins, dégradaient les plus beaux caractères.

Quelques objections faites en France contre la paix. Un petit nombre de censeurs obstinés condamnaient en France la paix de 1783, ou du moins ne partageaient pas la vive allégresse qu'elle avait fait naître. « Où sont » donc, disaient-ils, les avantages politiques » et commerciaux que nous avons acquis » en indemnité de quinze cents millions » empruntés, dont l'intérêt va coûter à l'État » une charge annuelle de soixante-dix millions? Quelques villages autour de Pondi- » chéry, la petite île de Tabago, voilà ce » qu'on nous offre pour nous consoler » de ces charges nouvelles et intolérables. » La conquête de l'Alsace, de la Franche- » Comté et de la Flandre coûta trois fois » moins à Louis XIV. Il est vrai que le roi » de France goûte la satisfaction d'avoir

» fondé une république. Louis XIV eût atta-
» ché moins de prix à une création de ce
» genre, et eût pu en voir les conséquences
» sous un jour différent. La reconnaissance
» est-elle donc une vertu fort pratiquée
» dans les républiques? N'y a-t-il plus rien
» d'anglais dans le cœur des Anglo-Améri-
» cains? Ce peuple, malgré son enthou-
» siasme républicain, calcule avec beaucoup
» d'exactitude. Il jugera des productions des
» manufactures anglaises et des nôtres d'a-
» près ses besoins, ses goûts et ses habi-
» tudes. Dans toutes ses transactions mer-
» cantiles, le souvenir des exploits du comte
» de Rochambeau et du marquis de La
» Fayette aidera bien peu à faire pencher la
» balance en notre faveur. Mais, dit-on, la
» France a montré une politique magnanime
» en veillant aux intérêts de ses alliés. Peut-
» être serait-il plus juste de dire qu'on s'est
» sacrifié pour eux dans la paix comme dans
» la guerre. Les Hollandais ont si peu agi
» pour nous et pour eux-mêmes, que l'é-
» quité n'eût point été blessée s'ils avaient
» perdu quelques-unes de leurs colonies, et
» si nous avions acquis une colonie de plus.
» Quant à l'Espagne, fallait-il la récompen-
» ser d'avoir montré tant de négligence et

» de maladresse dans toutes ses expéditions
» navales ? d'avoir fait manquer nos expédi-
» tions contre les rivages de l'Angleterre ?
» de nous avoir attiré un grand désastre
» dans les Antilles, et plus d'un affront de-
» vant le rocher de Gibraltar ? »

La majorité
du public ap-
plaudit à cette
paix ; vives
espérances
qu'on en con-
çoit.
Toutes ces objections contre une paix qui
faisait oublier les affronts du traité de 1763,
devaient faire peu d'impression dans un
temps où l'on voulait que la politique eût
le caractère le plus noble, le plus désintéressé, et devînt en quelque sorte l'auxiliaire
de la philosophie. La paix fut célébrée avec
beaucoup d'enthousiasme. On revint à des
vœux, à des projets philanthropiques qu'une
guerre peu sanglante avait faiblement inter-
rompus. On voyait les deux mondes liés par
une chaîne plus douce et plus intime que
l'ancien système de colonisation. Les peuples, disait-on, n'auraient plus seulement
à faire l'échange des productions de leur sol
et de leur industrie, mais celui de leurs lumières. Ni différence de culte, ni différence
de gouvernement, n'arrêteraient cet utile
commerce de pensées.

Voyons comment l'Europe se présentait
aux yeux des Français, et surtout de ceux

qui conduisaient tous les ressorts de l'opinion publique.

L'empereur Joseph II, après la mort de
la reine sa mère, en l'année 1780, put se
livrer à son esprit réformateur, et le fit
avec une philanthropie impétueuse. Il avait
aboli la peine de mort dans ses États, et
s'était prononcé pour l'abolition de la servitude ; mais les seigneurs hongrois refusè-
rent d'affranchir leurs serfs, et l'empereur
ne put vaincre leur résistance. Souvent les
philosophes s'inquiétaient de la précipitation qu'il mettait à réaliser leurs vœux ; mais
ils donnèrent de grands éloges à la conduite
ferme et mesurée qu'il tint envers le pape
Pie VI, qui, dans l'année 1774, avait succédé au judicieux Ganganelli. L'empereur
Joseph II, par divers règlemens, avait attaqué l'autorité ecclésiastique, qu'il se proposait de restreindre encore dans de plus
sévères limites. Rome resta sans foudres
contre cette entreprise. Pie VI crut fléchir
l'empereur en se présentant à Vienne presque dans l'attitude d'un suppliant. Les signes de respect et de déférence filiale qui
lui furent prodigués ne le consolèrent point
d'un refus permanent par lequel Joseph II
semblait venger, après plusieurs siècles ,

Coup d'œil
sur l'Europe
à l'époque de
la paix.

Autriche.

ceux de ses prédécesseurs qui avaient été excommuniés, avilis, et même exhumés par des pontifes ambitieux.

Prusse.

Le grand Frédéric, qui approchait de sa fin, avait moins de ferveur pour les principes des philosophes français : mais il entretenait avec plusieurs d'entre eux une correspondance dans laquelle le monarque absolu, et le héros conquérant, empruntait les formes d'une amitié délicate. La principale occupation de sa vieillesse était de veiller au bonheur de son peuple ; mais soit par l'effet d'un injuste dédain pour l'esprit des Allemands, soit par un secret ombrage de tout ce qui pouvait limiter son pouvoir, il fit prospérer un État sans créer une nation.

Russie.

Catherine II, en abolissant la servitude dans ses domaines, et en proclamant dans ses ukases quelques maximes de philosophie, tâchait de faire oublier la catastrophe qui l'avait fait monter sur le trône de son époux. Le prince Potemkin, qui avait acquis sur son esprit plus d'ascendant que les Orlof mêmes, était alternativement philosophe et superstitieux. La cour de Saint-Pétersbourg offrait un singulier sujet d'observation : tout y était européen, français à la surface ; mais

l'empreinte d'une origine tartare se faisait
encore sentir au fond des caractères.

Gustave III régnait paisiblement en Suède; Suède.
mais il supportait impatiemment une paix
qui reculait. pour lui l'époque de la gloire.
Il faisait fleurir les lettres, l'agriculture et
le commerce autant qu'il se pouvait dans un
pays très-appauvri. Comme il avait abaissé
les grands, et paraisssait indifférent sur les
croyances religieuses, c'était un disciple de
plus que les philosophes français croyaient
compter sur le trône.

Le sage ministre Bernstorf faisait goûter Danemarck.
au Danemarck le bienfait d'une administration paternelle. La liberté des opinions et
des écrits s'introduisait sans danger apparent dans cet État despotique.

Stanislas-Auguste, roi de Pologne, avait pologne.
besoin de la philosophie pour adoucir l'ennui de sa position, et pour trouver quelques moyens de l'améliorer. Si les Polonais s'éclairaient, ils calmeraient leurs préjugés et leurs discordes, et donneraient à
leur roi le pouvoir de faire autant deb ien
que des voisins impérieux le permettraient.

En portant ses regards au midi, on voyait Toscane.
le sage Léopold exécuter paisiblement, en
Toscane, tout ce que son frère n'opérait

pas sans secousse au milieu d'un peuple nombreux et stationnaire dans ses goûts, ses mœurs et ses opinions.

Espagne. En Espagne, les cachots de l'inquisition ne s'ouvraient point, mais les bûchers en étaient à peu près éteints. Le lustre momentané qu'avait recouvré cette puissance, non par ses armes, mais par un traité honorable, donnait quelque espoir qu'elle se laisserait entraîner au mouvement commun de l'Europe.

Portugal. Quant au Portugal, tout indiquait qu'il resterait long-temps dans l'état où les Anglais avaient intérêt de le maintenir. Depuis la mort du roi Joseph, auquel succéda, en 1777, sa fille Marie, et depuis la disgrâce du marquis de Pombal, ce royaume, malgré la ferveur de son catholicisme, était plus soumis aux Anglais que l'Irlande même; ils conspiraient, avec l'inquisition, pour prolonger l'ignorance des peuples et des grands.

Républiques de l'Europe. Les républiques de l'Europe présentaient en général un aspect plus calme qu'imposant. Entre elles se distinguait, par la douceur permanente de son administration, le sénat de Berne, qui ne méritait d'autre reproche qu'un peu de fierté envers les sujets dont il faisait le bonheur. Venise se consolait, par des plaisirs, de sa décadence graduelle. La Hollande retardait la sienne par ses vertus commerciales. L'indignation que cette république avait conçue contre un chef qui, pendant la guerre, avait arrêté l'essor du patriotisme renaissant, préparait des troubles dans lesquels la France devait être invitée à jouer le même rôle que dans la guerre d'Amérique. Les villes anséatiques étaient si heureuses, que leur existence politique avait depuis long-temps cessé d'être aperçue. La république de Genève se livrait à des dissensions qui faisaient briller les talens de plusieurs de ses citoyens; elle s'étourdissait sur le danger de recourir une seconde fois à la médiation de la France.

La paix ne tarda pas à développer mille *Colonies.* germes de prospérité dans toutes les colonies. Saint-Domingue et la Martinique faisaient de continuels prodiges de culture; heureuses ces colonies, heureuse la métropole qu'elles enrichissaient, si leurs travaux eussent excité assez de reconnaisance pour modérer les réclamations qui se faisaient en faveur des Nègres! Les îles anglaises étaient florissantes. Le Brésil triomphait, par la fertilité de son sol, des lois ineptes d'un

gouvernement qui s'était livré à l'Angleterre. Le Mexique , le Pérou , le Chili et le
Paraguai , s'annonçaient comme le berceau d'empires puissans dont l'esprit mo-
nastique retardait seul les progrès.

Empires
d'Asie.

En Asie, l'Angleterre pressait , par des
intrigues et par des crimes , la chute de
l'empire du Mogol, que l'anarchie féodale
plaçait dans la situation où fut l'Europe sous
les descendans de Charlemagne. Le gouverneur du Bengale, Hastings, qui s'était annoncé par la famine de ce malheureux pays ,
suivait les traces tortueuses et sanglantes du
lord Clive, son prédécesseur. La Perse avait
obtenu quelque intervalle dans les guerres
civiles qui la déchiraient depuis un siècle.
La Chine , sous le règne long et paisible de
l'empereur Kien-Long, croissait; sinon en
prospérité réelle, du moins en population.
En attirant l'or des Européens, elle persis-
tait dans la précaution de ne leur ouvrir
qu'un seul de ses ports. L'ignorance où l'on
était du véritable état de cet empire, pré-
tait à des exagérations, à des fables sur son
bonheur.

Quelques symptômes de civilisation commençaient à se manifester en Turquie. Il

s'agissait de savoir qui l'emporterait, ou des sultans qui voulaient combattre les Européens avec les armes et quelques-uns des arts de l'Europe, ou des janissaires dont de telles innovations auraient détruit la milice anarchique ; lutte cruelle, qui n'est point encore terminée aujourd'hui.

Cette situation de l'Europe et du monde favorisait l'esprit cosmopolite, et l'on croyait être arrivé au moment où le genre humain allait être gouverné par des sages. On admirait la puissance progressive de l'opinion, et l'on ne voulait pas voir les maux qui résulteraient d'un affaiblissement général de l'autorité. On voulait faire régner les principes, et les lois régnaient moins. En France, surtout, la religion était sans empire, et l'autorité royale sans vigueur. Les mœurs devenaient chaque jour plus aimables et plus relâchées. On cédait avec délices au sentiment de la bienveillance générale, et l'on portait peu de scrupule dans l'observation des devoirs domestiques. On croyait gouverner le monde, et toutes les familles étaient faiblement gouvernées. Je n'arriverai que trop tôt à dire quelle longue succession de coups de foudre dissipa des illusions

Résultats généraux de la guerre d'Amérique.

que les sciences, les arts et les lettres entre-
tenaient à l'envi. Les hommes d'un esprit
plus calme, et qui trouvaient du danger ou
du vide dans des espérances illimitées, applaudissaient, sous d'autres rapports, à la
paix de l'Amérique, et se félicitaient de ce
qu'elle arrêtait des relations trop intimes et
trop fraternelles avec une république ; de
ce qu'elle permettait d'établir l'ordre dans
les finances, et surtout de ce qu'elle humiliait l'Angleterre. « Une paix, disaient-ils,
» qui prive l'Angleterre de ses colonies les
» plus florissantes, prouve la puissance de
» nos ressources, l'habileté de nos négocia-
» teurs, l'ascendant que notre cabinet exerce
» sur l'Europe ; enfin, ce qui est plus im-
» portant encore, elle atteste les progrès de
» notre marine. Le but de la guerre est
» rempli ; elle laissera de glorieux souve-
» nirs, et permet les plus belles espérances.
» Quel eût été l'éclat de nos triomphes, si
» les marins espagnols avaient rivalisé d'ha-
» bileté, de science et de courage avec les
» nôtres ! Une seule bataille, perdue par
» l'inhabileté d'un chef qui n'était que va-
» leureux, doit-elle faire oublier ce combat
» d'Ouessant où les Anglais furent étonnés

» de voir leur tactique confondue par une
» marine qui venait d'être créée presqu'à
» l'instant? Doit-elle faire oublier la vic-
» toire navale remportée par le comte d'Es-
» taing après la prise de la Grenade? trois
» victoires du comte de Guichen dans les
» Antilles, cinq victoires du bailli de Suf-
» fren dans les Indes, et celle par laquelle
» le comte de Grasse, depuis si malheureux,
» enleva au général Cornwallis, errant sur
» les rivages de la Virginie, le secours de
» la marine anglaise? Doit-elle faire oublier
» les combats particuliers où Lamothe-Pi-
» quet, Beausset, Laclochetterie, Dupavil-
» lon, Kersaint; Bougainville et Lapeyrouse,
» attaquèrent et vainquirent des forces su-
» périeures? La France, dont la marine
» vient de fournir tant d'exploits, a dû se
» montrer généreuse envers des alliés qui
» ont été loin d'égaler sa gloire, mais dont
» il importait de prévenir le découragement.
» C'est à l'Angleterre à l'éprouver, enfin,
» ce découragement qui maintiendra la
» liberté du commerce et la paix du
» monde *. »

* Je crois devoir indiquer les Ouvrages que j'ai particulièrement consultés pour écrire l'histoire de la guerre

d'Amérique. Ce sont plusieurs volumes de l'*Annual Register*, collection féconde en matériaux historiques (il serait à souhaiter que la France eût un Ouvrage de ce genre); l'*Histoire de la Révolution d'Amérique*, par *David Ramsay*, et la *Vie de Washington*, par le même auteur; une autre *Vie de Washington*, par *John Marshal*; l'*Histoire de l'indépendance des États-Unis*, par *William Gordon*; l'*Histoire de l'administration de lord North*; l'*Histoire impartiale des événemens de la dernière guerre dans les quatre parties du monde*; les *Memoires du règne de Géorge III*, par *Belsham*. Tous ces ouvrages m'ont été fort utiles; mais je me fais un plaisir de reconnaître les obligations particulières que j'ai à l'excellente *Histoire de la guerre d'Amérique*, écrite en italien par M. *Botta*.

Le point de vue sous lequel j'ai considéré une époque si intéressante n'était point l'objet des différentes histoires que je viens de mentionner. Je ne connais qu'un seul Ouvrage historique où l'on ait envisagé l'influence qu'eut la révolution d'Amérique sur l'esprit, les vœux et la destinée des Français. M. *Dampmartin*, dans le cinquième volume de *la France sous ses Rois*, a présenté quelques vues sur ce sujet, et l'a fait avec beaucoup de sagacité.

Je m'étais proposé d'abord de traiter la guerre d'Amérique avec autant de rapidité que j'ai traité celles de 1741 et de sept ans; et, d'après ce plan, j'aurais terminé mon Ouvrage au cinquième Volume. Mais je n'ai pu me résoudre à sacrifier des développemens qui sont nécessaires pour faire connaître la marche du dix-huitième siècle.

Je n'indique point les Ouvrages où j'ai puisé des renseignemens pour tout ce qui concerne l'administration et la politique du Gouvernement français, les intrigues de cour, le caractère de différens personnages, les anecdotes du temps. Ces ouvrages sont nombreux, mais on sent que les souvenirs et les conversations doivent offrir encore plus de faits pour une histoire contemporaine.

FIN DU XVIᵉ. LIVRE ET DU Vᵉ. VOLUME.

TABLE

DES SOMMAIRES DE CE VOLUME.

~~~~~~~~~~

LIVRE QUINZIÈME.

LIVRE SEIZIÈME.

RÈGNE DE LOUIS XVI : GUERRE D'AMÉRIQUE.—MAUREPAS, NECKER, VERGENNES, SÉGUR, CASTRIES.

Lightning Source UK Ltd.
Milton Keynes UK
UKHW012225110219
337137UK00006B/1268/P

9 780265 330968